Jornalismo esportivo

LEIA TAMBÉM

A arte de entrevistar bem Thaís Oyama

A arte de escrever bem Dad Squarisi e Arlete Salvador

A arte de fazer um jornal diário Ricardo Noblat

A imprensa e o dever de liberdade Eugênio Bucci

A mídia e seus truques Nilton Hernandes

Assessoria de imprensa Maristela Mafei

Comunicação corporativa Maristela Mafei e Valdete Cecato

Correspondente internacional Carlos Eduardo Lins da Silva

Dicionário de comunicação Adilson Citelli, Christa Berger, Maria Aparecida Baccega, Maria Immacolata Vassallo de Lopes e Vera Veiga França

Escrever melhor Dad Squarisi e Arlete Salvador

Ética no jornalismo Rogério Christofoletti

Hipertexto, hipermídia Pollyana Ferrari (org.)

História da imprensa no Brasil Ana Luiza Martins e Tania Regina de Luca (orgs.)

História da televisão no Brasil Ana Paula Goulart Ribeiro, Igor Sacramento e Marco Roxo (orgs.)

Jornalismo científico Fabíola de Oliveira

Jornalismo cultural Daniel Piza

Jornalismo de rádio Milton Jung

Jornalismo de revista Marília Scalzo

Jornalismo de TV Luciana Bistane e Luciane Bacellar

Jornalismo e publicidade no rádio Roseann Kennedy e Amadeu Nogueira de Paula

Jornalismo digital Pollyana Ferrari

Jornalismo econômico Suely Caldas

Jornalismo esportivo Paulo Vinicius Coelho

Jornalismo internacional João Batista Natali

Jornalismo político Franklin Martins

Jornalismo popular Márcia Franz Amaral

Livro-reportagem Eduardo Belo

Manual do foca Thaïs de Mendonça Jorge

Manual do frila Maurício Oliveira

Manual do jornalismo esportivo Heródoto Barbeiro e Patrícia Rangel

Os jornais podem desaparecer? Philip Meyer

Os segredos das redações Leandro Fortes

Perfis & entrevistas Daniel Piza

Reportagem na TV Alexandre Carvalho, Fábio Diamante, Thiago Bruniera e Sérgio Utsch (orgs.)

Teoria do jornalismo Felipe Pena

Jornalismo esportivo

Paulo Vinicius Coelho

Copyright© 2003 Paulo Vinicius Coelho
Todos os direitos desta edição reservados à
Editora Contexto (Editora Pinsky Ltda.)

Coordenação da Coleção Comunicação
Luciana Pinsky

Projeto gráfico
Cia. Editorial

Diagramação
Cia. Editorial/Estúdio Kenosis

Preparação de originais
Edna Adorno/Daniela Marini Iwamoto

Revisão
Vera Quintanilha/Rosana Tokimatsu

Projeto de capa
Marcelo Mandruca

Montagem de capa
Antonio Kehl

Dados Internacionais de Catalogação na Publicação (CIP)
(Câmara Brasileira do Livro, SP, Brasil)

Coelho, Paulo Vinicius.
Jornalismo esportivo / Paulo Vinicius Coelho. –
4. ed., 9ª reimpressão. – São Paulo : Contexto, 2024.
(Coleção Comunicação)

Bibliografia
ISBN 978-85-7244-213-8

1. Jornalismo esportivo 2. Jornalismo esportivo – Brasil
I. Título. II. Série

03-0139   CDD-070.449796

Índice para catálogo sistemático:
1. Jornalismo esportivo 070.449796

2024

EDITORA CONTEXTO
Diretor editorial: *Jaime Pinsky*

Rua Dr. José Elias, 520 – Alto da Lapa
05083-030 – São Paulo – SP
PABX: (11) 3832 5838
contAto@editoracontexto.com.br
www.editoracontexto.com.br

Proibida a reprodução total ou parcial.
Os infratores serão processados na forma da lei.

SUMÁRIO

CAPÍTULO I

A história 7

Preconceito desde o início 7

Nasce uma paixão 10

Romance e jornalismo 17

O espaço do romance e do fato 18

CAPÍTULO II

O mercado 25

Uma carreira difícil 25

A rádio que toca esportes 28

A mulher no esporte 34

Esporte não é sinônimo de futebol 36

CAPÍTULO III

Transpiração e inspiração 39

Todo mundo entende de esporte 39

É preciso ter paixão? 44

A notícia é mais importante 47

Os outros esportes 49

Como montar uma redação 51

O time do coração 56

Jornalismo esportivo na internet 59

Os esportes na TV 63

TV aberta *versus* TV fechada 68

A relação com a fonte 73

O furo 76

A pauta 82

Os cadernos de esporte – e de política 86

O horário de fechamento 90

CAPÍTULO IV

Estudo de caso **95**

O *Lance!* e os diários esportivos 95

Revista para revisteiros 98

O processo *Lance!* 99

A convivência 104

Pés no chão 105

CAPÍTULO I

A história

PRECONCEITO DESDE O INÍCIO

"Futebol não pega, tenho certeza; estrangeirices não entram facilmente na terra do espinho." Provavelmente nenhum palpite de comentaristas antes de qualquer Copa do Mundo foi tão furado quanto o do escritor Graciliano Ramos, no início do século xx. Graciliano parecia convencido de que o jogo dos ingleses não iria conquistar adeptos no Brasil. Talvez o maior engano da história do esporte brasileiro.

Não que o escritor alagoano tivesse alguma coisa contra a bola jogada com os pés ou que fosse apaixonado pelo remo, o esporte mais popular do início daquele século. O que ele achava era que o que vinha de fora não poderia "pegar" com facilidade no Brasil. E nada mais inglês do que o futebol. Pelo menos do que o futebol jogado naquele tempo.

O autor de *Vidas secas* talvez tenha sido também o primeiro palpiteiro sobre esportes. Palpiteiro, sim, daqueles que até hoje enchem as noites de domingo. Nos primeiros anos de cobertura esportiva era assim. Pouca gente acreditava que o futebol fosse assunto para estampar manchetes. A rigor, imaginava-se que até mesmo o remo, o esporte mais popular do país na época, jamais estamparia as primeiras páginas de jornal. Assunto menor. Como poderia uma vitória nas raias – ou nos campos, nos ginásios, nas quadras – valer mais do que uma importante decisão sobre a vida política do país? Não, não poderia, mesmo que movesse multidões às ruas em busca de emoções que a vida cotidiana não oferecia.

Duvidar foi o esporte preferido até mesmo de gente experiente, que vivia de escrever para os cadernos especializados, já no meio do século xx. João Saldanha fez uma previsão no final dos anos 1960, quando um aventureiro resolveu lançar não um caderno, mas uma revista inteiramente dedicada ao futebol. *Placar* nunca sairia dos primeiros números, imaginava Saldanha, que prestou inestimáveis serviços ao esporte brasileiro.

A importância dos veículos que se dedicavam ao esporte começou mais cedo, no entanto. Em São Paulo, na década de 1910, havia páginas de divulgação esportiva no jornal *Fanfulla*. Não se tratava de periódico voltado para as elites, não formava opinião, mas atingia um público cada vez mais numeroso na São Paulo da época: os italianos. Um aviso não muito pretensioso de uma das edições chamava-os a fundar um clube de futebol. Foi assim que nasceu o Palestra Itália, que se tornaria Palmeiras décadas mais tarde, no meio da Segunda Guerra Mundial. Nesse tempo, as poucas páginas dedicadas a esporte nos diários paulistanos falavam sobre outra guerra. A travada entre os são-paulinos, que sonhavam tomar à força o estádio Parque Antártica dos palestrinos.

A *Fanfulla* é até hoje a grande fonte de consulta dos arquivos do Palmeiras sobre as primeiras décadas do futebol brasileiro. O jornal trazia relatos de página inteira num tempo em que esse esporte ainda não cativava multidões. E informava as fichas de todos os jogos do clube dos italianos. Até mesmo dos que incluíam times de aspirantes palestrinos contra os segundos quadros de equipes do interior. Não existia o que se pode chamar hoje de jornalismo esportivo. Mas não fossem aqueles relatos, ninguém jamais saberia, por exemplo, quando e qual foi o primeiro jogo do velho Palestra.

Nem do velho Corinthians, nem do Santos, nem que o futebol do Flamengo só nasceu em 1911, apesar de o clube ter sido fundado para a prática do remo 16 anos antes. A primeira cesta no Brasil, o primeiro saque. Tudo foi registrado. Tudo meio a contragosto. Porque nas redações do passado – e isso se verifica também nas de hoje em dia – havia sempre alguém disposto a cortar uma linha a mais dedicada ao esporte.

No início do século xx, o Rio de Janeiro pulsava e impulsionava o Brasil. E no Rio os jornais dedicavam também cada dia mais espaço ao futebol. Mais do que nas demais cidades do país. Os jogos dos grandes times da época aos poucos foram ganhando destaque. Até que o Vasco, em 1923, venceu a segunda divisão apostando na presença dos negros em seus quadros.

Era a popularização que faltava. Os negros entravam de vez no futebol, tomavam a ponta no esporte. O Vasco foi campeão carioca pela primeira vez em 1924, apesar da oposição dos outros grandes, que sonhavam tirá-lo da disputa alegando que o clube dos portugueses e negros não possuía estádio à altura de disputar a primeira divisão. Os portugueses construíram o estádio de São Januário e nunca mais saíram das divisões de elite do futebol do país.

Em 1931, o *Jornal dos Sports* nasceu no Rio de Janeiro. A rigor, foi o primeiro diário exclusivamente dedicado aos esportes no país. O primeiro a lutar ferozmente contra a realidade que tomou conta de todos os diários esportivos a partir daí. A *Gazeta Esportiva* nasceu em 1928, mas como um suplemento do jornal *A Gazeta*, só se tornando um diário esportivo em 1947.

Durante todo o século passado, dirigir redação esportiva queria dizer tourear a realidade. Lutar contra o preconceito de que só os de menor poder aquisitivo poderiam tornar-se leitores desse tipo de diário. O preconceito não era infundado, o que tornava a luta ainda mais inglória. De fato, menor poder aquisitivo significava também menor poder cultural e, consequentemente, ler não constava de nenhuma lista de prioridades. E se o futebol – como os demais esportes – dela fizesse parte, seria necessário ao apaixonado ir ao estádio, isto é, ter menos dinheiro para comprar boas publicações sobre o assunto.

Assim, revistas e jornais de esportes foram surgindo e desaparecendo com o passar dos anos. No Rio de Janeiro, a *Revista do Esporte* viveu bons anos entre o final da década de 1950 e o início dos anos 1960. Viu nascer Pelé e o Brasil ganhar títulos mundiais. Viu o futebol, seu carro-chefe, viver momentos de estado de graça. E nem assim sobreviveu às adversidades.

No final dessa década, o jornalista paulistano Roberto Petri lançou seu próprio diário esportivo: *O Jornal*. Não durou. Petri voltou a trabalhar em emissoras de rádio como Gazeta, Difusora e Bandeirantes. Entre o final da década de 1990 e início dos anos 2000, foi comentarista de partidas do Campeonato Argentino no canal ESPN Brasil.

Só no fim da década de 1960 os grandes cadernos de esportes tomaram conta dos jornais. Ou melhor: em São Paulo, surgiu o *Caderno de Esportes*, que originou o *Jornal da Tarde*, uma das mais importantes experiências de grandes reportagens do jornalismo brasileiro. Dessa época para cá, os principais jornais de São Paulo e do Rio lançaram cadernos esportivos e deles se desfizeram como se tratasse de objeto supérfluo. Gastar papel com gols, cestas, cortadas e bandeiradas nunca foi prioridade. Nem no Brasil, dito país do futebol, que só teria revista esportiva com vida regular nos anos 1970. A Itália, por sua vez, lançava seu primeiro exemplar de revista dedicada exclusivamente aos esportes em 1927. A Argentina também. Países com muito mais vocação para o assunto, mesmo que esta fosse muito mais cultural do que esportiva.

De todo jeito, a partir da segunda metade dos anos 1960, com cadernos esportivos mais presentes e de maior volume, o Brasil entrou na lista dos países com imprensa esportiva de larga extensão. Criado em 1967, o *Jornal da Tarde* também mudou o foco de alguns profissionais, que passaram a tratar do escândalo, da administração, do futebol jogado pelos cartolas fora de campo.

NASCE UMA PAIXÃO

Em 1925, o futebol já era o esporte nacional e faltavam apenas cinco anos para o início da primeira Copa do Mundo. O Brasil havia sido bicampeão sul-americano em 1919 e em 1922, mas o profissionalismo só chegaria ao país oito anos mais tarde. Guerra. Começar a pagar os jogadores de futebol provocou grandes polêmicas. Em 1929, por exemplo, o Paulistano, clube que maior número de títulos estaduais possuía até então, decidiu não continuar a manter equipes de futebol. Seus dirigentes achavam absurdo pagar jogadores para que entrassem em campo e jogassem futebol. Até hoje há quem pense assim. Julgam que jogador de futebol ganha dinheiro demais para exercer atividade que quase não exige esforço intelectual.

Os sócios de futebol do Paulistano se rebelaram. Não achavam justa a decisão do clube de acabar com um departamento tão vitorioso. Como poderiam encerrar a prática do esporte que nesse momento ganhava tanta seriedade? Em 1927, o próprio presidente da República, Washington Luiz, comparecera ao estádio de São Januário para a cerimônia de inauguração. O estádio das Laranjeiras, no Rio de Janeiro, fora construído para a organização do Campeonato Sul-Americano e o Brasil interessou-se novamente pela organização do torneio três anos depois. O futebol já era uma festa.

No entanto, os jornais dedicavam espaços mínimos para o que já parecia ser a grande paixão popular. O *Correio Paulistano*, por exemplo, liberava apenas uma coluna para as matérias que incluíam futebol. E duas colunas para o turfe.

A febre do remo já estava superada. Esse esporte produziu boa parte da glória que passou para o futebol. A maioria dos clubes futebolísticos tradicionais do Rio de Janeiro nasceu das regatas. Não é à toa que três dos quatro grandes clubes cariocas têm a palavrinha no nome: Clube de Regatas do Flamengo, Clube de Regatas Vasco da Gama, Botafogo de Futebol e Regatas. Em 1926, o campeão carioca foi outro time proveniente das regatas: São Cristóvão de Futebol e Regatas. O Botafogo nasceu da fusão de um clube de futebol e outro de regatas. Nos primeiros anos do século XX, era o Clube de Regatas Botafogo o que mais chamava a atenção para o interesse do Rio de Janeiro em remo.

Os jornais, no entanto, dedicavam aos esportes o espaço que lhes era possível. Evidentemente não havia na época a cultura dos grandes jornais de hoje, com cadernos inteiros dedicados ao tema. Havia pequenas colunas, mais por questão de espaço do que por falta de interesse. Como comprova a matéria coletada dos diários cariocas pelo jornalista João Marcos Weguelin, que pesquisou o Rio de Janeiro pelos jornais.

Campeonato Sul-Americano de 1919

A RUA   7 de maio de 1919

Antes do campeonato, o football aqui já era uma doença: agora é uma grande epidemia, a coqueluche da cidade, de que ninguém escapa.

A RUA   8 de maio de 1919

No "stadium", como estava anunciado, realizou-se ontem o "training" de apuro dos "scratchmen" brasileiros. [...] Os chilenos deram esta manhã, na rua Campos Salles, o seu "training" de apronto para o jogo de domingo. Os uruguaios treinaram, ontem, no campo do Botafogo. [...] Os argentinos estiveram ontem, à tarde, na rua Payssandu, praticando "training" individual.

RIO JORNAL   11 de maio de 1919

Iniciou-se hoje, às 15 1/2 horas, sob os melhores auspícios, o sensacional Terceiro Campeonato Sul-Americano de Football. Fazendo coincidir com esta temporada de "matches" internacionais, a festa de hoje teve ainda o seu brilho aumentado pela inauguração do stadium do Fluminense Football Club, o glorioso campeão tricolor brasileiro. A cerimônia de inauguração do stadium consistiu juntamente na inauguração do "match" internacional, para o qual foi construído o soberbo campo.

A RAZÃO   30 de maio de 1919

Sob os olhares ansiosos de uma multidão superior a 40.000 pessoas realizou-se ontem no stadium do Fluminense, o 1º match do campeonato sul-americano. Esse match que foi disputado entre os quadros chilenos e brasileiros despertou como aliás era natural o máximo entusiasmo e interesse levando mesmo a assistência a intermitentes explosões de júbilo e de contentamento. [...] O jogo transcorreu admiravelmente, vindo a terminar pela vitória do quadro brasileiro pelo score de 6 a 0.

O terceiro Campeonato Sul-Americano de Football decidiu-se ontem pela vitória dos jogadores brasileiros. Este acontecimento teve uma repercussão que se pôde considerar bem como continental, apesar das grandes coisas que neste momento ocupam a atenção dos povos, como o problema da paz, a ser resolvido pela resposta da delegação alemã à proposta dos aliados e a travessia aérea do Atlântico. Aqui, a impressão causada pela vitória dos nossos jogadores foi de um entusiasmo delirante. Desde muito cedo a população sentiu a sua atenção presa à grande peleja, que se ia travar no campo do Fluminense, crescendo à medida que se aproximava a hora do desempate sensacional. Havia também, para despertar a curiosidade pública, um eclipse do sol. Pouco se preocupou a cidade com isso. Um eclipse é uma coisa tão banal... [...] A Avenida Rio Branco, em um certo trecho, ficou literalmente cheia, com o trânsito perturbado. A febre com que se acompanhava o match era crescente. O jogo, indeciso no primeiro tempo, empolgava cada vez mais toda a gente.

– Está duro! Zero a zero! – Mas vencem os uruguaios! – Qual! Não venceram até agora, não vencem mais. Os brasileiros tomaram o pulso aos uruguaios.

– Qual!

– Não! As vantagens agora são nossas.

E assim decorreu toda a tarde, sem que o caso se decidisse. Afinal, quando o entusiasmo público já tinha chegado ao seu período agudo, chegou a grande nova: os brasileiros venceram por um contra zero. Foi um estrugir formidável de palmas e de bravos, que eletrizou toda a cidade.

– Acabou-se. Agora não perdemos mais a dianteira! Perdemos os campeonatos anteriores! Agora seguramos o cinturão de ouro e não o largamos mais. E, com essa convicção, toda gente voltou para casa, depois de um grande dispêndio de energia nervosa.

O IMPARCIAL   26 de maio de 1919

[...] Só mesmo a falta de sorte nos remates não permitiu ao *team* brasileiro conquistar o ponto que lhe assegurasse o triunfo. Enfim, nova luta será travada para o desempate do campeonato e, se desta vez, não desenvolvendo jogo bem apreciável e tendo o adversário obtido a vantagem de 2x0, o *team* brasileiro ainda conseguiu dominá-lo e empatar a peleja, em condições normais deve produzir jogo mais eficiente e fazer figura mais brilhante.

O IMPARCIAL   30 de maio de 1919

[...] Pela primeira vez tivemos em nosso continente um embate travado com um ardor inacreditável por parte dos combatentes e que findou do modo mais honroso e nobre para nós brasileiros. [...] Os brasileiros depois de uma peleja renhidíssima, como até então não se realizara, abateram, ontem pelo score de 1x0 o formidável scratch uruguaio, que na opinião unânime dos entendidos representava o expoente máximo do football oriental.

A NOITE   29 de maio de 1919

A concorrência, se não era colossal como a de domingo, era seletíssima, notadamente pelo número de senhoras. A animação, extraordinária desde 11 horas, tornou-se como poucas vezes tem acontecido ao aproximar-se a hora do jogo. Um alarido unânime atroava e nos morros vizinhos a multidão agitava bandeiras nacionais, por entre vivas. [...] O jogo de hoje era já de desempate e, assim, de graves responsabilidades para ambos os teams. [...] Brasileiros: Marcos, Pindaro e Bianco, Sergio, Amilcar e Fortes, Millon, Néco, Friendenreich, Heitor e Arnaldo. [...] 1º Half Time: Brasileiros 0 goal Uruguaios 0 goal – 2º Half Time: Brasileiros 0 goal Uruguaios 0 goal – Nova Prorrogação: 1º goal brasileiro Hurrah! Friedenreich! Hurrah – Brasil!

Não havendo resultado nos trinta minutos de prorrogação foi pelo juiz ordenada a segunda prorrogação. A saída foi dos uruguaios e os brasileiros atacam, obrigando os adversários a um corner. Pouco depois Arnaldo é dado como off-side, mas os brasileiros não desanimam. Néco corre pela direita, centra, sendo a bola recebida de cabeça por Heitor, que a passa a Friedenreich. Este, com um shoot de meia altura, ao meio do poste, marca o 1º goal brasileiro. Hurrah! Friedenreich! Hurrah – Brasil! [...] Final: Brasileiros 1 goal Uruguaios 0 goal – Com este resultado foram os brasileiros aclamados campeões da América do Sul.

As Manchetes

O IMPARCIAL

A sensacional peleja de ontem entre brasileiros e uruguaios – Os nossos denodados patrícios assumiram o visível domínio da pugna, que findou com empate de 2 x 2.

O IMPARCIAL

Salve footballers brasileiros! Depois de uma peleja emocionante, os nossos patrícios lograram, ontem, para o nosso país a supremacia do football no Campeonato Sul-Americano. A nossa inegável vitória de ontem sobre os uruguaios pelo score de 1 x 0.

A NOITE

Bravos aos brasileiros! Vencedores do 3º C. S. A. de Football! Friedenreich marcou o ponto de vitória!

A população, portanto, se apaixonou ainda mais pelo futebol depois da primeira conquista da Seleção Brasileira. Seleção que havia disputado seu primeiro jogo em 1914, em amistoso contra o Exeter City, modesto time inglês. Venceu por 4 x 0. Mas foi só a partir do começo dos anos

1940 que o futebol ganhou relatos apaixonados em espaços cada dia maiores. Nos diários cariocas, especialmente. E com colunistas como Mário Filho e Nelson Rodrigues.

Mário Filho era o irmão mais velho de Nelson. Não dizia com todas as letras, mas era rubro-negro de coração. Torcedor doente do Flamengo, mas capaz de relatos de incrível emotividade sobre ídolos de outros times. Foi ele o fundador do *Jornal dos Sports*, no início dos anos 1930, na mesma época em que o futebol ganhou de vez cara de profissional.

O *Jornal dos Sports* acompanhou a primeira grande crise do futebol brasileiro. A instauração do profissionalismo criou uma cisão entre os times tanto no futebol do Rio quanto no de São Paulo. Em 1935 e 1936 houve dois campeonatos simultâneos em São Paulo. No Rio de Janeiro, a crise começara em 1933, ano em que se firmou o profissionalismo. O Botafogo, campeão em 1932, jogou entre os amadores nos três anos seguintes. Ganhou os três títulos e autoproclamou-se tetracampeão carioca. Mas os demais campeonatos continuaram a suceder-se. Em 1933, o Bangu conquistou pela primeira vez um título estadual – só voltaria a ganhar em 1966. Em 1934, o Vasco foi o campeão. Em 1935, ganhou o América seu sexto Campeonato Carioca. Em 1936, pelo quarto ano seguido, os clubes não chegaram a nenhum acordo. E a cisão dividiu ainda mais o futebol do Rio de Janeiro. Tanto que de um lado o campeão foi o Fluminense, de outro, o Vasco, clubes que antes estavam do mesmo lado.

Os jornais cariocas acompanharam tudo como puderam. Com pouco espaço e dando mais destaque ao que acontecia dentro de campo do que à briga política entre todos os times. Isso até a pacificação, em 1937, quando entrou na moda o melhor estilo carioca de divulgar o futebol.

Para abrir o primeiro campeonato unificado depois de quatro anos de grandes confusões, o jogo escolhido foi Vasco x América. A partida foi marcada para o estádio de São Januário, no dia 31 de julho. Vasco e América entraram em campo juntos e o Vasco venceu por 3 x 2. Daí em diante, o Brasil inteiro passou a chamar o clássico entre as duas equipes de "Clássico da Paz". Era só um lado do romance que o Brasil, em especial o Rio de Janeiro, aprendeu a imprimir ao jornalismo esportivo.

ROMANCE E JORNALISMO

O jogo entre Botafogo e Fluminense é chamado de "Clássico Vovô" porque é o clássico entre os clubes mais antigos do futebol do Rio: o Fluminense, fundado em 1902, e o Botafogo, em 1904. Sim, o Flamengo foi fundado em 1895 e o Vasco em 1898, mas ambos com dedicação exclusiva às regatas até que o Flamengo iniciasse a prática do futebol, já em 1912 – o Vasco entrou na onda em 1923.

O jogo entre Flamengo e Vasco passou a ser chamado nos anos 1940 de "Clássico dos Milhões", por produzir milhões de cruzeiros nas bilheterias dos estádios. Flamengo e Fluminense? Bem, o "FlaFlu" nasceu quarenta minutos antes do nada, como diria Nelson Rodrigues. Não há clássico em canto nenhum do Brasil que reúna tanta história, e isso é também fruto da maneira como se fazia jornalismo no Rio de Janeiro da época. Importava menos a informação precisa. Os cronistas cuidavam mais do personagem e suas histórias, eventualmente romanceando-as. Dizia Mário Filho no texto que reverenciava o ponta-direita do Fluminense, no final dos anos 1950: "Telê joga os noventa minutos. Dito assim, parece simples. Todo jogador joga noventa minutos. Seria assim não fosse Telê. Telê é o ponteiro dos segundos. Não para nunca!"

Também não eram exatamente jornalismo as crônicas que Nelson Rodrigues escrevia depois de virar-se para Armando Nogueira, no Maracanã dos anos 1950, e perguntar-lhe: "O que foi que nós vimos, Armando?"

A miopia de Nelson Rodrigues tirava-lhe a possibilidade de enxergar qualquer coisa em jogo de futebol, ainda mais em estádio grande como o Maracanã. E daí? Romance era com ele mesmo. Crônicas recheadas de drama e de poesia enriqueciam as páginas dos jornais em que Nelson Rodrigues e Mário Filho escreviam. Até jogo violento, como Bangu e Flamengo, que decidiu o Campeonato Carioca de 1966 – a partida não completou o tempo regulamentar porque o jogador Almir, do Flamengo, armou grande confusão –, era por eles tratado com rara dramaticidade. Essas crônicas motivavam o torcedor a ir ao estádio para o jogo seguinte e, especialmente, a ver seu ídolo em campo. A dramaticidade servia para aumentar a idolatria em relação a este ou àquele jogador. Seres mortais alçados da noite para o dia à condição de semideuses.

Nelson Rodrigues e Armando Nogueira costumavam contar uma história semelhante sobre um diálogo com Pelé em início de carreira. Na obra de Armando Nogueira, a história é assim:

– Quem é o melhor centroavante do Brasil?, Armando perguntou-lhe.

– Eu, Pelé respondeu.

– E o melhor meia-esquerda?, perguntou em seguida Armando Nogueira.

– Eu também.

Armando conclui o pensamento, que já virou clássico, dizendo que não sabia se estava diante de um negrinho cheio de si ou de um eleito dos céus. E não demorou muito tempo para que a resposta lhe aparecesse diante dos olhos.

A mesma história está publicada em crônicas de Nelson Rodrigues, sem a citação específica a Armando Nogueira. Em vez disso, Nelson escreve apenas a frase: "Já perguntaram a Pelé." Não há a precisão do diálogo, nem sequer a certeza de que ele de fato aconteceu. A história é bem contada, com boa pitada de romance. Sem o rigor da realidade. Coisas assim fizeram de Pelé mais do que o maior jogador de futebol de todos os tempos. Transformaram-no em eterno mito.

O ESPAÇO DO ROMANCE E DO FATO

O fato é que há espaço para tudo e todos. O que se espera habitualmente de todo grande jornal é a mistura dos dois estilos. É impossível ler Nelson Rodrigues sem se dar conta da imprecisão de seus relatos de jogos. É só olhar, por exemplo, a maneira como descreve o terceiro gol do Brasil no Mundial do Chile, em 1962: "Djalma Santos pôs a bola na área e Vavá, com seu peito de aço, meteu a cabeça nela, fazendo 3 x 1".

A descrição correta deveria incluir a falha do goleiro Schroiff. E contar que, de fato, Vavá meteu o pé direito na bola, não a cabeça. Nelson Rodrigues, que já era míope, não podia ver o que o rádio lhe contava a quilômetros de distância.

A imprecisão diminuiu bastante nas páginas dos anos 1970 em diante, graças ao compromisso da imprensa de contar a verdade. A maneira como o *Jornal da Tarde*, em São Paulo, fazia jornalismo, ajudou a excluir o mito. O resultado é, muitas vezes, uma crônica tão desprovida de paixão que é capaz de jogar na vala comum atletas que certamente já merecem lugar na história. Gente como Rivaldo, Ronaldo, Romário, Bebeto, Dunga. Gente que deu ao país o quarto e o quinto títulos mundiais, e que jamais foi tratada com a reverência dedicada aos campeões de 1958, 1962 e 1970.

O problema, evidentemente, é que o que é verdade, o que é opinião e o que é lenda se misturam e nem todo mundo é capaz de diferenciar o que é jornalismo do que não é. Mas a maneira como os principais jornalistas esportivos de cada tempo se referem aos jogadores de cada época produz distorções difíceis de corrigir.

O capitão do primeiro título mundial do Brasil era o zagueiro Bellini, do Vasco. Nunca foi um zagueiro de grande qualidade técnica. Era famoso por jogar a sério, por dar de bico quando fosse preciso e errar pouquíssimas vezes. Quando viajou para a Suécia, apostava-se que seria o reserva de Mauro Ramos de Oliveira, do São Paulo, muito mais técnico do que ele.

Não foi. Ganhou a posição durante os treinos porque o técnico Vicente Feola apostava na formação de uma dupla que já era conhecida do Vasco. Bellini era duro, um "botinudo", que dava de bico mesmo. Orlando, seu colega de defesa, era clássico. Desarmava com elegância e saía para o jogo com desenvoltura.

Mas Bellini era homem bonito. Encantava as mulheres e eternizou o gesto do capitão do time vencedor da Copa do Mundo de erguer a taça acima da cabeça. Nenhum outro capitão a tinha levantado antes dele. Os jogadores contentavam-se em segurá-la ao lado do peito. O gesto de Bellini, triunfante, elevando-a para que os fotógrafos pudessem fotografá-la, inspirou jornalistas como Nelson Rodrigues e Mário Filho a produzir crônicas enormes e cheias de emoção, que o celebrizaram como zagueiro elegante, mito do futebol brasileiro. Passou a ser tratado com reverência, como herói nacional. Nada mais justo para quem alçou a taça de campeão mundial para o Brasil pela primeira vez na história.

Em 1994, a Seleção vivia jejum de 24 anos sem títulos mundiais. Desde que Pelé deixou de vestir a camisa amarela, em 1971, o Brasil nunca mais havia chegado à final. Chegou, na Copa do Mundo dos Estados Unidos, em 1994, num time famoso pelo estilo pragmático. O técnico Carlos Alberto Parreira orientava seus jogadores a tocar a bola pacientemente, sem pressa, até que surgisse a chance de dar o bote.

A imprensa da época taxava o estilo de Parreira de "europeu". Parreira rebatia afirmando que jogava com a bola no chão, com uma linha de defesa de quatro jogadores e muito trabalho técnico.

Parreira tinha razão. Seu time não tinha nada de europeu. Tinha, isso sim, muita paciência, com que o público brasileiro não estava acostumado. Paciência que faltava à imprensa para avaliar com exatidão o que estava acontecendo.

Faltava-lhe paciência para avaliar também o desempenho do capitão do tetra. Dunga deixou a campanha do Brasil na Copa do Mundo de 1990 como símbolo de uma era fracassada. A seleção treinada por Sebastião Lazaroni fez o pior trabalho em Copa do Mundo desde o fiasco de 1966. Dunga só voltou a ser convocado em 1993, por Carlos Alberto Parreira, que precisou de boa dose de convicção para mantê-lo na equipe apesar de todas as críticas.

Dunga chegou à Copa de 1994 como principal líder da equipe. Mas sem a faixa de capitão, que só caiu em seu braço esquerdo depois que Ricardo Gomes sofreu uma lesão muscular, em amistoso contra El Salvador, e que Raí, capitão nos jogos do Brasil contra Camarões e Rússia, os dois primeiros do mundial, perdeu espaço na equipe no intervalo da terceira partida contra a Suécia. Dunga virou capitão do time no segundo tempo do jogo. Não largou mais a braçadeira. Também nunca deixou de ser capitão ressentido. Fez o gol do título, na disputa por pênaltis, fato raramente lembrado nos relatos sobre o tetracampeonato. Depois do pênalti convertido por Dunga é que Roberto Baggio chutou para o alto e deu o título ao Brasil.

Na hora de receber a taça, Dunga demonstrou toda sua mágoa. Apanhou-a das mãos do presidente do comitê organizador, Alan Rothenberg, levantou-a sobre a cabeça e gritou, olhando fixamente para os fotógrafos brasileiros: "Esta é para vocês, seus traíras, filhos da puta!"

Os fotógrafos representavam, na cabeça de Dunga, toda a imprensa brasileira, que tanto ressentimento causara a ele e aos demais jogadores da Seleção Brasileira. Ele retomou sua vida habitual. Passou a ser reconhecido como líder da equipe, mas jamais mereceu o tratamento de lenda do futebol mundial.

O mesmo vale para Ronaldo na campanha do mundial de 2002. Poucos jogadores na história do futebol mereceram tanto o tratamento de lenda quanto o camisa nove da Seleção do penta. Sua história entre a final do mundial de 1998 e a conquista do título, em 2002, valeria um filme. Daqueles que, diante da tela, o espectador diria: "Isso só acontece no cinema".

Na tarde de 12 de julho de 1998, deitado em seu quarto no Castelo de la Grande Romaine, em Ozoir la Ferrière – região metropolitana de Paris –, Ronaldo tirou um cochilo. Acordou com toda a delegação brasileira ao seu redor e a notícia de que havia sofrido convulsão. Foi levado às pressas para um hospital da capital francesa, medicado e conduzido rapidamente para o vestiário do estádio de Saint-Denis, palco da decisão entre França e Brasil.

Nas tribunas de imprensa, a papeleta com as escalações oficiais do Brasil e da França indicava Ronaldo na reserva de Edmundo. Jornalistas franceses se levantavam, atônitos, procurando os brasileiros para saber o que se passava. O clima de total perplexidade tomou conta do mundo inteiro. Ronaldo jogou, embora praticamente não tenha sido visto em campo. Aquele futebol não era o dele.

Em novembro de 1999, Ronaldo precisou fazer uma cirurgia no joelho direito, que tanto o fizera sofrer durante todo o campeonato na França um ano antes. Em todo o decorrer do mundial, bolsas de gelo foram utilizadas para tratar a lesão. E, ainda assim, ele marcou quatro gols. Fez uma bela Copa do Mundo. Em abril de 2000, a volta estava marcada. Ronaldo entrou em campo contra a Lazio, na decisão da Copa da Itália. Jogou seis minutos e caiu sozinho. O diagnóstico: ruptura total do tendão patelar do joelho direito.

Passou dois anos recuperando-se da lesão e voltou em amistoso promovido por ele próprio, em agosto de 2001. O jogo era parte de seu cargo de embaixador honorário da Unicef e destinava dividendos para as crianças da África. Ronaldo jogou alguns minutos, fez um gol. Nos meses seguintes, entrou na equipe e dela saiu, até o final do Campeonato Italiano. No final da campanha da Inter, terceira colocada no torneio nacional da Itália, Ronaldo havia marcado sete gols em nove partidas. Média assustadora para um jogador em fase de recuperação. O técnico da Seleção, Luiz Felipe, decidiu levá-lo ao mundial, em que Ronaldo conseguiu ser artilheiro com oito gols, quebrando o tabu de seis mundiais – o artilheiro só conseguia marcar seis vezes. Conquistou também o título de pentacampeão e o prêmio de melhor jogador brasileiro no Campeonato.

Mereceu o apelido de "Fenômeno" e foi extremamente elogiado. Mas ninguém escreveu uma única crônica sobre a incrível proeza de Ronaldo. Toda a imprensa estampou os feitos do Fenômeno, em relatos repletos de... realidade! Realidade demais para história tão irreal.

Nos relatos sobre o tetra e sobre o pentacampeonato faltou a dramaticidade que sobrava nas coberturas das campanhas de 1958, 1962 e 1970. Talvez tenha faltado Nelson Rodrigues.

A noção de realidade que o jornalismo esportivo carrega nos tempos atuais torna a cobertura esportiva tão brilhante quanto qualquer outra no jornalismo. O ponto-chave é que, muitas vezes, tal cobertura exige mais do que noção da realidade.

Não é à toa que alguns dos melhores jornalistas brasileiros começaram a carreira no jornalismo esportivo. Joelmir Beting trabalhou com esportes nos anos 1950. Desistiu por não conseguir controlar o impulso de torcer para o Palmeiras. Armando Nogueira foi jornalista esportivo antes de assumir a direção da Rede Globo. Alberico Souza Cruz e Evandro Carlos de Andrade também trabalharam com esportes.

Esse tipo de cobertura sempre misturou emoção e realidade em proporções muitas vezes equivalentes. É possível fazer uma brilhante matéria de economia falando de futebol. A crise do Flamengo, incapaz de saldar dívidas e de manter seu orçamento no azul há mais de dez anos, pode render peça jornalística primorosa e repleta de realidade sobre a administração dos clubes do país.

A maneira como os campeonatos do Brasil são organizados, sempre levando em conta algum acordo político entre um dirigente da Comissão Brasileira de Futebol e outro de alguma minúscula federação estadual, poderia valer o Prêmio Esso de cobertura política, em matéria também repleta de realidade.

Análise tática sobre jogo de futebol vai sempre valer relatos dignos de fazer o torcedor mais fanático se arrepiar tanto quanto a descrição perfeita de partida de futebol. A conquista do título, a jogada brilhante, a história comovente sempre fizeram parte do esporte. E sempre mereceram o tom épico que desapareceu das páginas de jornais e revistas e dos relatos de emissoras de rádio e de televisão.

Lembro-me do dia em que tive de escrever o texto do pôster do Palmeiras, campeão paulista, que quebrava jejum de 17 anos sem conquistas. O texto não tinha mais do que dois mil caracteres, não exigia nenhum esforço de apuração, ao contrário, por exemplo, de outra matéria em que o árbitro José Aparecido de Oliveira denunciara um esquema de corrupção que misturava árbitros brasileiros e argentinos nas eliminatórias para a Copa do Mundo de 1994. Foram dois mil caracteres dificílimos de se escrever. Isso porque exigiam uma dose de emoção que nenhum manual de redação é ou será capaz de ensinar. A emoção também faz parte do jornalismo, como bem mostraram as crônicas de Nelson Rodrigues no passado. E alguém precisa fazê-la retornar ao cotidiano das páginas esportivas. Mesmo que alguns mitos da história do esporte brasileiro, como Dunga, Romário e Ronaldo, tenham ficado perdidos num tempo restrito à descrição nua e crua da realidade.

CAPÍTULO II

O mercado

UMA CARREIRA DIFÍCIL

O início do ano 2000 foi promissor. Sites dos mais variados assuntos pipocavam e tiravam gente das redações mais importantes do país. Profissionais qualificados e com anos de experiência no mercado de trabalho. Como o editor do caderno de esportes do *Jornal da Tarde*, de São Paulo, José Eduardo de Carvalho. Em 2000 ele deixou o prédio do bairro do Limão, na capital paulista, para trabalhar no site da PSN, a Pan American Sports Network, canal a cabo *à la carte* que lançava também seu site na internet brasileira. Foi o mais expressivo exemplo de um período em que os sites começaram a ter importância e concorrer com os grandes jornais.

Como ele, uma série de excelentes jornalistas acreditou na aposta da internet. Acreditou até mesmo que, finalmente, o jornalismo seria profissão mais bem remunerada. É um anseio que dura muito tempo, especialmente no mercado esportivo. Esse primeiro *boom* da internet durou menos de um ano. Em 2001, a situação já era outra. Vários sites estavam anunciando falência. A PSN anunciou a sua em outubro, o que causou demissões não apenas nos sites, mas também na emissora de TV.

O reflexo do *boom* da internet deixou muitos bons profissionais fora do mercado. Alguns jamais voltaram às editorias de esporte. Os jornais substituíram profissionais caros por outros com salários mais baixos. Esse tipo de substituição nem sempre reflete equivalência entre profissionais qualificados e não qualificados.

Todas as semanas, gente que conseguiu nível salarial razoável no mercado de trabalho recebe e-mails de jovens profissionais que se apresentam. Há os que querem sua primeira oportunidade; os que sonham com um lugar em qualquer área do jornalismo e os que ainda nem entraram na faculdade, mas almejam praticar sua paixão: escrever sobre esportes. Vários deles entrarão no mercado de trabalho e deixarão suas marcas. Outros talvez nunca consigam sequer escrever uma linha sobre esportes. Questão de oportunidade.

É duro ter chance em um mercado que solta milhares de jornalistas formados todos os anos. É duro manter o salário elevado por muito tempo se há tanta oferta de novos profissionais sedentos de chance.

A cidade de São Paulo é, desde a década de 1970, o grande polo do jornalismo brasileiro. É onde estão as melhores oportunidades de emprego, onde existem mais oportunidades para o profissional colocar-se. O piso salarial de jornalista em São Paulo é muito inferior a quinhentos dólares. Mesmo assim, em 1997, formou-se fila de estagiários em frente a um prédio do bairro do Limão para iniciar o processo de seleção para um novo jornal de esportes.

Uma grande editoria de esportes costumava ter trinta pessoas na metade dos anos 1990. Esse número serviu de balizamento para o *Lance!* criar sua equipe. Era esse o número de jornalistas em São Paulo, um pouco maior no Rio de Janeiro, na sede da empresa, que chegou a contar com quarenta profissionais no início da formação do diário. O processo era parecido com o de qualquer outra redação: um grupo seleto de profissionais consagrados que se misturava a uma turma de meninos recém-saídos dos bancos escolares.

A primeira geração foi um sucesso. É assim também que se forma qualquer redação. Ou mais ou menos assim. No início de 2002, a editoria de esportes da *Folha de S.Paulo* contava com cerca de 15 pessoas, das quais a maioria fora criada lá mesmo, no prédio da alameda Barão de Limeira, no centro de São Paulo. A editoria ganhou destaque, recebeu aumentos salariais e se incorporou ao time seleto dos profissionais relativamente bem pagos do país.

Em julho de 2002, o caderno de esportes do jornal publicou anúncio solicitando candidatos para a cobertura de férias de repórteres da editoria. Entre os candidatos, dois tinham no currículo a cobertura de duas Copas do Mundo. Profissionais consagrados, reconhecidos no mercado, mas que perderam espaço depois de sair das redações de jornais. Bom se fosse só isso. O repórter escolhido para a cobertura de férias deixou o *Lance!*, principal diário esportivo do país, para trabalhar durante três meses na *Folha de S.Paulo*. O motivo: salário melhor.

No início do século XXI, os quatro jornais mais influentes do país eram: *O Estado de S. Paulo*, a *Folha de S.Paulo* e *O Globo*, no Sudeste, e a *Zero Hora*, no Sul. Elas concentravam os bons salários, investiam na formação de profissionais, substituíam os experientes que deixavam a profissão por outros mais jovens e formados na companhia de exemplos consagrados. A essas quatro redações somava-se a Editora Abril.

Ainda assim, não é na editoria de esporte que se concentram os melhores salários das grandes redações, mas é para ela que seguem os focas, novatos que chegam sedentos de trabalho e de crescimento profissional. É assim desde que o jornalismo escreveu sua primeira página. As portas de entrada para novatos são a editoria de esportes e a de cidades. O que é ótimo para quem quer seguir carreira em outras áreas. E péssimo para o desenvolvimento da própria carreira de jornalista esportivo, como será mostrado no capítulo "Transpiração e inspiração".

Se nas grandes redações a situação não é tão fácil, a coisa fica mais difícil nas pequenas. O maior diário esportivo do país, o *Lance!*, sempre pagou salários muito aquém do mercado: jornalista formado, muitas vezes com mais de três anos dedicados à profissão, recebe pouco mais da metade do ordenado das maiores redações. É o que o jornal pode pagar, supõe o empresário Walter de Mattos Junior, dono do diário.

Na Editora Abril, a revista *Placar* sobreviveu, no começo do século XXI, de edições mensais com venda inferior a cinquenta mil exemplares, muito abaixo dos 260 mil de seu recorde histórico. Testou a fórmula de jornais de distribuição gratuita, em 2009, e de venda em banca apenas às segundas-feiras em 2010. Situação bem diferente do ápice da revista nos anos 1970, ou na época de seu relançamento, em 1995. Nessa época, havia 29 pessoas trabalhando na redação, que ocupava metade de um andar do edifício Panambi, antiga sede das redações da Editora Abril. Menos vagas em mercado cada dia mais concorrido.

A RÁDIO QUE TOCA ESPORTES

No final dos anos 1970, as rádios davam show todo domingo nas principais capitais do país. Em São Paulo, por exemplo, o que não faltava era opção. Sem contar as tradicionais Globo, Jovem Pan, Tupi, Record e Bandeirantes, havia ainda emissoras como Difusora e Capital. A Excelsior, afiliada da Globo, transmitia todos os domingos o segundo jogo mais importante. Nos anos 1990, a sintonia da Excelsior passou a ser ocupada pela CBN, Central Brasileira de Notícias.

Como a Excelsior, outra alternativa era a Rádio Capital. Sem recursos para enfrentar a concorrência das grandes rádios do país, a emissora optava por transmitir simultaneamente dois ou três jogos, na tentativa de captar a atenção dos torcedores de dois ou três clubes. O tipo de transmissão que saltava de um jogo a outro antes que ele acabasse ficou conhecido como "Carrossel".

A ideia era chamar a atenção também de um segmento do mercado publicitário. Não faltavam anunciantes. A maior parte deles não vinha das grandes empresas. Eram fabricantes de pilhas, bebidas alcoólicas, cigarros. Gente interessada em atingir a camada mais baixa da população.

A estratégia funcionava também no Rio de Janeiro. Havia sete ou oito emissoras de rádio que competiam pela audiência. A concorrência envolvia também os principais locutores do país. No Rio, Waldir Amaral era famoso pelos gritos longos, mas também pelas confusões na hora de definir os marcadores de gols. Um de seus bordões era o "bololô na área", recurso de que se valia quando não conseguia identificar o jogador envolvido na disputa de bola que antecedia o gol.

Em São Paulo, o fenômeno do rádio dos anos 1970 foi Osmar Santos. Em 1977, ele trocou a Jovem Pan pela Globo, em transação milionária. Passou a ser o locutor mais bem remunerado do país e alavancou a audiência global, antes quase inexistente no mercado paulista.

O rádio revelava nomes não apenas para consumo diário. O repórter de campo que acompanhava Osmar Santos era Fausto Silva, o Faustão, que em 1989 chegou à TV Globo para comandar o programa dominical que está no ar até hoje.

As emissoras de rádio tinham faturamento condizente com o que punham em prática. Em toda viagem de um grande clube, lá estava o repórter acompanhando a delegação. A lógica valia para jogo de Campeonato Brasileiro, fosse o Corinthians a deixar São Paulo para jogar em Recife, contra o Náutico, ou este a sair de Pernambuco para atuar no Sudeste. Situação que contrastava com o da compra de direitos para as Copas do Mundo a partir da década de 1990. Em 2002, por exemplo, os direitos de transmissão não custavam menos de vinte milhões de dólares. A Rádio Globo e a Bandeirantes ratearam despesas e enviaram equipes para a cobertura do Mundial da Coreia e do Japão. A Jovem Pan, emissora de maior prestígio em São Paulo, preferiu não comprar os direitos.

Em vez de gastar dinheiro com o envio de equipe de reportagem e transmissão, confiou a cobertura a seu veterano repórter Vanderlei Nogueira, que já possuía credencial fornecida pelo portal de internet Terra. Como ele faria o trabalho de reportagem para o site, a emissora pagou parte de sua despesa para que enviasse também a ela boletins com o noticiário da Seleção Brasileira. A economia também se refletiu na opção da emissora de contratar gente com história em Copas do Mundo para integrar a equipe de comentaristas: Wanderley Luxemburgo e Émerson Leão, os dois últimos treinadores da Seleção antes de Luiz

Felipe, encarregado de dirigi-la na campanha do penta mundial, na Coreia e no Japão. A Jovem Pan foi atrás também de Romário, artilheiro do Brasil no Mundial de 1994, quando o país sagrou-se tetracampeão depois de 24 anos de "jejum". E apostou em Zagallo, técnico da Seleção na Copa anterior, de 1998.

A Jovem Pan foi tão ouvida quanto a Bandeirantes e a Rádio Globo. Perdeu faturamento com anunciantes, mas não os que tradicionalmente investem na programação da emissora. E gastou muito pouco com direitos de transmissão. Não perdeu audiência, não desperdiçou dinheiro, não perdeu anunciantes. E deu sinal para o mercado de que o jornalismo esportivo depende fundamentalmente de economia. Péssimo sinal. Quanto mais econômicas, menos qualidade as redações apresentam. E mais difícil fica manter o padrão de qualidade anterior.

Qual a rádio mais ouvida em São Paulo durante as Copas do Mundo de 2002 e 2006? A Globo, a mesma que é mais sintonizada no dia a dia do esporte brasileiro. A rival histórica da Jovem Pan é a Bandeirantes. As duas lutam pela mesma fatia de anunciantes. A Bandeirantes ganhou a guerra dos anúncios no assunto Copa 2002. Mas isso parece ser incapaz de trazer mais receita para a emissora.

Em pouco mais de vinte anos, a importância e a penetração do rádio caíram a tal ponto que o mercado se espremeu a três emissoras em São Paulo e a duas no Rio. Uma exceção histórica se deu durante o Mundial da África do Sul, em 2010. A equipe da Rádio Eldorado-ESPN – parceria entre a emissora paulista do grupo *O Estado de S. Paulo* e o canal de TV especializado em esportes ESPN – transmitiu a Copa com programação 24 horas por dia. Teve um estrondoso sucesso de audiência.

No caso carioca, a situação é ainda mais grave: todo o foco de atenção está voltado para a Rádio Globo, do locutor José Carlos Araújo. A emissora vem pondo em prática uma política de nacionalização, que tende a unificar os noticiários do Rio, São Paulo e Belo Horizonte e criar uma única e grande rede nacional.

É política diametralmente oposta à da TV Globo, que conta cada vez mais com afiliadas pelo país afora e difunde programação nacional, mas com características regionais marcantes de cada estado alcançado por seu raio de transmissão. As peculiaridades são premiadas até mesmo dentro do mesmo estado. O "Globo Esporte" de Campinas não é igual ao de Santos; cada um tem seus repórteres e apresentadores com sotaque próprio e espaço delimitado, para permitir que os clubes de cada cidade sejam contemplados sem interferir no noticiário nacional.

Outro projeto nacional é o da rádio CBN, afiliada do sistema Globo. No final do ano 2000, a emissora contratou Juca Kfouri, que passou a apresentar um noticiário nas noites de segunda a sexta-feira. Espalhou uma rede de correspondentes por um bom período. De São Paulo também falava a apresentadora e comentarista Sônia Francine, a Soninha, mais tarde vereadora em São Paulo. Do Rio de Janeiro, Paulo Júlio Clement, ex-repórter do jornal *O Globo*. De Minas, chegavam por telefone as vozes de dois craques: Tostão, ex-cruzeirense, e Reinaldo, ex-atleticano.

Cada colaborador, sempre por telefone, falava sobre as rodadas do Campeonato Brasileiro de Futebol a que assistem na televisão. Com a chegada do *pay-per-view*, sistema da Globosat que permite que se assista a quase todos os jogos da mesma rodada do Campeonato Brasileiro, as transmissões da CBN viraram alternativa. Elas acompanham tudo ao mesmo tempo e com atrativo adicional: opinião. Blá-blá-blá para alguns, é, para outros, transmissão com público cativo: o que pretende aprofundar-se no assunto, mais do que apenas saber o que está acontecendo. Embora não tenham virado sucesso absoluto de público, as transmissões fizeram a CBN fincar o pé no esporte, o que não se verificava desde que a Globo decidiu mudar o nome da emissora de Excelsior para CBN e criar o slogan "A rádio que toca notícia".

Por notícia, não se entendia esporte. Muito menos transmissão esportiva. Com o novo formato, a CBN copiou um modelo muito difundido na Europa. Na Itália, por exemplo, não se transmite no rádio um jogo inteiro do Milan. Mas a rodada inteira do Campeonato Italiano, informando instantaneamente o que se passa em cada estádio e com uma rede de analistas para definir o impacto que cada resultado – ou jogada – terá no desenrolar da temporada europeia.

A CBN criou também um modelo que une o país por meio do rádio. O que não acontecia desde os tempos da velha Rádio Nacional, que chegava aos mais distantes lugares do país com as transmissões do futebol carioca. É o que explica Flamengo e Vasco serem até hoje potências como torcidas em todo o país. A última pesquisa indica 17 milhões de rubro-negros espalhados pelo Brasil.

Foi a primeira vez que o rádio atingiu caráter nacional desde o tempo em que Gagliano Neto fez a primeira narração esportiva para todo o país. Foi na Copa do Mundo de 1938, quando a Rádio Clube do Brasil transmitiu a partida Brasil e Polônia, que abriu a participação da Seleção Brasileira no Mundial da França. O Brasil só ganhou na prorrogação, por 6 x 5, resultado que colocou os brasileiros nas quartas de final pela primeira vez na história.

As rádios mudaram porque as cotas de patrocínio minguaram. E porque quem ainda consegue manter fortes os patrocinadores nem sempre tem as melhores ideias. O "Plantão de Domingo", da paulista Jovem Pan, é um exemplo.

O programa nasceu em 1974 e passou a ser comandado pelo jornalista Milton Neves em 1978. Tinha a finalidade de prestar serviços nas manhãs de domingo e, ao mesmo tempo, abrir a jornada esportiva de cada fim de semana. Até o final dos anos 1980, o apresentador impunha seu ritmo à transmissão, sempre contando histórias do futebol, seu ponto forte. Das finais inesquecíveis de campeonato aos clássicos que os personagens da tarde seguinte já haviam disputado. Da história das escalações das equipes do passado à entrevista com um grande personagem de um jogo fosse ele protagonista do clássico dessa tarde ou do passado.

O esquema durou anos e tornou Milton Neves celebridade do rádio paulista. Mineiro que saiu da pequena Muzambinho para tentar a sorte em São Paulo, ele passou maus bocados em Curitiba no início dos anos

1970, mas conseguiu estabilidade fazendo o plantão esportivo da rádio Jovem Pan a partir de 1973.

Em 1982, quando já apresentava com sucesso o "Plantão de Domingo" havia quatro anos, Milton Neves recebeu convite para ser apresentador do recém-criado "Terceiro Tempo". Tratava-se de emergência. O superpremiado "Show de Rádio", humorístico que entrava no ar logo depois das transmissões esportivas, havia trocado a Jovem Pan pela Bandeirantes. A necessidade de preencher a lacuna deu origem a um programa de entrevistas nos vestiários que chegava a durar três horas e ao novo formato dos programas radiofônicos pós-jogo.

O modelo proposto pela Jovem Pan e por Milton Neves contagiou todas as rádios do país. As do Rio, que já o haviam adotado no passado, continuaram a usá-lo. As emissoras paulistas tentaram imitá-lo, cada uma a seu modo. O paulista de Ribeirão Preto Márcio Bernardes criou o seu programa na Rádio Globo. Durou pouco mais de dois anos com o apresentador. A Globo ainda mantém seus programas de entrevistas, mas nunca conseguiu emplacar um âncora que persistisse na função por muito tempo. Tentou também Juarez Soares, que a exerceu por pouco mais de um ano.

A Rádio Bandeirantes acertou a mão quando escolheu Ricardo Capriotti para a missão. Mas sem o conhecimento histórico do rival, Capriotti insistia em desabafos pesados que não prendiam o ouvinte. Nem ele próprio, que preferiu seguir para a tv Record e apresentar um programa policial.

Paralelamente, Milton Neves continuava apresentando o "Plantão de Domingo". Já no início dos anos 1980, no entanto, iniciou uma atividade de venda de anúncios que abasteceu toda a programação da rádio Jovem Pan. Foi a grande armadilha de sua vida. Preparado desde a infância, estudando pelas ondas do rádio cada detalhe da história do futebol, Milton caiu na tentação de fazer o mais fácil. Deixar o tempo passar, esquecer-se de estudar, dedicar-se exclusivamente ao conhecimento que já havia adquirido. Valia mais a pena lembrar o Santos bicampeão mundial de 1962/1963 do que perceber aquele São Paulo inesquecível de 1993: Zetti, Cafu, Válber, Ronaldão e André Luís; Doriva, Dinho, Cerezo e Leonardo; Palhinha e Müller.

A forma de driblar a falta de preparo para os novos tempos foi usar o marketing. As manhãs de domingo dos primeiros anos do século XXI são, na Jovem Pan, uma coleção de mensagens enviadas por *bip* para a rádio. O *bip* de Milton Neves atendia pelo nome de Teletrim, que por sua vez era um dos patrocinadores da programação. Milton lia as mensagens durante horas sem perceber que seu velho público fiel muitas vezes trocava de estação.

Por que ele escolheu essa receita? Porque sua agência de publicidade vendia o espaço da rádio. Os salários nunca foram o ponto forte do rádio. Mas isso não significa que se tenha o direito de misturar conteúdo jornalístico com publicidade pura e simples. Mesmo em época em que o rádio é cada dia menos sinônimo de bom emprego. No passado, a grande oportunidade de trabalho para quem gostava de esportes; hoje as estações tocam futebol e notícias. Mas não tocam ninguém que busque estabilidade financeira.

A MULHER NO ESPORTE

Era quase impossível ver mulheres no esporte até o início dos anos 1970. A coisa mudou. Não que hoje as redações esportivas tenham o mesmo número de mulheres com relação ao contingente masculino. Mas é possível até que o índice feminino na redação reflita o interesse da população. Se em estádio de futebol, autódromo ou ginásio há mais homens do que mulheres, é normal que haja também índice diferente de homens e mulheres nas redações.

Normal é que não haja preconceito. Homens e mulheres devem ter os mesmos direitos. Têm. Os mesmos níveis salariais, o que incrivelmente se verifica nas redações, ao contrário das demais profissões. Devem ter as mesmas oportunidades. O que não se pratica em boa parte das editorias do país. Menos ainda nas de esportes.

Não que não haja oportunidades. O caderno de esportes de *O Estado de S. Paulo* já teve mulher no comando. Isabel Tanese permaneceu quase três anos no cargo, entre o afastamento de Roberto Benevides, pouco antes da Copa do Mundo de 1998, e seu próprio pedido de demissão em março de 2001. Kitty Balieiro foi chefe de redação da ESPN Brasil, entre 2000 e 2010.

Mas é sempre visto como algo curioso uma mulher que parece entender de esportes. Como Sônia Francine, a Soninha, que também trabalhou como apresentadora e comentarista da ESPN Brasil entre 1999 e 2004. Sua participação no canal prosseguiu depois dessa data, mas de maneira esporádica, por sua dedicação à política, primeiro como vereadora eleita pelo PT, depois como administradora municipal da Lapa. Se não chega a ser *expert* em esporte, ela certamente entende mais do riscado do que boa parte dos homens que pretendem ser especialistas pelo país afora. Há colunistas, comentaristas, repórteres, jornalistas de todas as áreas que se arvoram no direito de falar, sobretudo, de futebol, apenas pelo fato de terem um dia se sentado em arquibancada. Ou pelo simples fato de terem sido jogadores de futebol.

Pode-se dizer que as redações de esporte do país têm em torno de 10% de mulheres. Isso já provocou mais preconceito no passado do que hoje em dia. Nos velhos tempos, o veterano Oldemário Touguinhó, repórter do *Jornal do Brasil* que faleceu em 2003, telefonava para a redação durante as grandes coberturas e procurava o editor. Quando este indicava uma mulher para recolher o material que vez ou outra tinha de ser passado por telefone, Oldemário simplesmente se recusava a entregar seus relatos.

Esse tempo passou. O fato, no entanto, é que as mulheres na maior parte são encaminhadas para as editorias de esportes olímpicos. É mais fácil demonstrar conhecimento sobre vôlei, basquete e tênis do que sobre futebol e automobilismo. Territórios onde o machismo ainda impera. Mas também onde menos mulheres do que homens demonstram conhecimento.

No passado, especialmente entre repórteres, houve grandes profissionais mulheres. Um dos bons exemplos foi Regiane Ritter, que trabalhou na cobertura de três Copas do Mundo. Era bem informada e entendia do assunto. Tanto que suas claras demonstrações de conhecimento causam até hoje lembranças carinhosas em homens apaixonados por futebol. Quando ela começou, certamente havia muito mais preconceito do que hoje, tempo em que o espaço existe para ser conquistado.

A partir dos anos 1980, deixou de haver restrição às mulheres repórteres de futebol. O que sobrou foi o preconceito contra a opinião feminina. Nenhum preconceito se justifica. É julgamento preconcebido, como a própria palavra encerra. Mas há um sentido no tal preconceito. Verifique nas rodas de amigos, em bares e festas pelo Brasil, o número de homens que conversam sobre futebol. Compare com o número de mulheres. Essa minoria das que se debruçam sobre o assunto é o que ainda produz desconfiança de alguns. Daí a importância cada dia maior de boas profissionais, como Kitty Balieiro, Sônia Francine, Joanna de Assis, Regiane Ritter e todas as que conseguem expressar suas opiniões e informações sobre o esporte mais popular do país.

ESPORTE NÃO É SINÔNIMO DE FUTEBOL

Ai de quem for apaixonado por futebol e entrar na redação pensando que irá escrever só sobre futebol. Ai mais ainda de quem tiver loucura por outro esporte. Quem for louco por vôlei, por basquete, quem tiver paixão por tênis e sonhar em ser especialista no esporte de que gosta. Não, tal possibilidade não está excluída. Mas, se já dá trabalho conquistar reconhecimento na profissão trabalhando com futebol, é muito mais feroz a luta para chegar ao topo com outro esporte.

Há bons exemplos de êxito. Cida Santos é jornalista e trabalhou em esportes olímpicos na *Folha de S.Paulo* até lançar um livro sobre o ouro olímpico do vôlei brasileiro e passar a ser reconhecida como profissional que se dedica quase exclusivamente a esse esporte. Ela assina coluna semanal sobre vôlei na *Folha de S.Paulo*. O mesmo vale para Melchíades Filho, que foi titular da coluna de basquete na *Folha* e, mais tarde, diretor da sucursal de Brasília do jornal. Mas Melchíades era editor do caderno e, por isso, não poderia ser considerado jornalista dedicado tão somente ao esporte que adotou.

Nas editorias de esporte, geralmente fica bem separada a equipe que se dedica ao futebol da que faz outras modalidades. Não quer dizer que quem se dedica ao futebol não precise cobrir outro esporte. Cobre, sempre que a ocasião exigir. Mas é mais clara a divisão nas outras modalidades. Quem faz basquete também faz vôlei, atletismo, boxe etc. Mesmo que se dedique com mais afinco a um só esporte.

Quem faz automobilismo tem bom nível de especialização. As corridas foram ótimo aprendizado para jornalistas, especialmente depois dos títulos mundiais de Émerson, Piquet e Senna. O fato de obrigar quem trabalha com o esporte a conhecer coisas específicas – o motor, por exemplo – obriga maior nível de dedicação.

Mas como ser especialista em basquete se é preciso também acompanhar atletismo? E como tornar-se *expert* em atletismo se só for possível fazer uma matéria sobre o assunto na proximidade de alguma grande competição?

Os mais apaixonados até tentaram. A revista *Saque* dedicava-se exclusivamente ao vôlei. Durou de 1984, quando Renan e Montanaro se meteram no meio, até o final da década, época em que deixou de ser publicada. No final dos anos 1980, havia uma revista chamada *Lance Livre*, que não decolou. No final dos anos 1990, o jornalista Juarez Araújo cuidou de produzir uma revista chamada *Superbasquete*. Juarez, apaixonado pelo esporte, dividia-se entre as matérias da revista e seu trabalho no jornal *Gazeta Esportiva*. Em 1999 foi convidado a tornar-se comentarista de basquete da PSN. Aceitou, mudou-se para Miami, acreditou que finalmente poderia dedicar-se ao basquete. Perto do encerramento das atividades da emissora, quando a maior parte dos profissionais estava pulando fora do barco, Juarez narrava até partidas de tênis.

Não existe jornalista de esportes. Existe o jornalista, aquele que se dedica a transmitir informações de maneira geral, o especialista em generalidades. Que se torna muitas vezes melhor quando é, de fato, conhecedor do assunto específico. Quando vira jornalista de basquete, de vôlei, de futebol, de automobilismo. Nunca de esportes.

O problema é que o mercado só permite a criação de jornalistas de futebol, de automobilismo, por vezes de tênis. O que vale dizer que não há jornalistas de basquete, de vôlei, de atletismo, de judô etc. Isso explica o aparecimento de atletas como comentaristas sempre que é preciso aprofundar-se em grande competição. O mercado não contempla quem quer aventurar-se nessas áreas específicas. Esse aventureiro poderá ter muito sucesso. Mas vai ter de brigar muito mais por isso.

CAPÍTULO III

Transpiração e inspiração

TODO MUNDO ENTENDE DE ESPORTE

"Ninguém entende mais do assunto do que um garoto de 12 anos." A frase é do jornalista Mauro Cezar Pereira. Ele começou nos cadernos de bairro do jornal *O Globo*, no Rio de Janeiro. Trabalhou na Rádio Globo e se transferiu para o *Jornal dos Sports*, quando este ainda era o principal diário esportivo do Rio de Janeiro. Passou dois anos por lá, esteve em *O Dia*, foi colaborador da revista *Placar*, antes de virar repórter do *Jornal do Brasil*. Em 1993, mudou-se para São Paulo, trabalhou na redação de *Placar* durante a Copa do Mundo de 1994. Deixou a área esportiva no final desse ano e voltou em janeiro de 2002, como comentarista da rádio CBN.

A frase do início do parágrafo anterior é simbólica por alguns motivos. Primeiro porque o garoto tem tempo de sobra e, quando gosta do assunto, dedica-se a ele em tempo quase integral. Ouve todos os programas, assiste a tudo o que a TV apresenta, lê todo o noticiário dos jornais, acompanha tudo pela internet.

Pergunte a um garoto de 12 anos o que você quiser saber sobre o time dele. Ele lhe dará o calendário, os próximos jogos, a partida que passou, o último reforço, os desfalques para a próxima rodada. Se for apaixonado, o garoto de 12 anos certamente já decidiu o que quer ser quando crescer: jogador. Mas, claro, existe a possibilidade de o menino não jogar nada bem, o que fatalmente o fará começar cedo a pensar em uma opção. Na cabeça de muitos profissionais que hoje atuam com esportes, foi nessa faixa etária que passou pela primeira vez a ideia de virar jornalista de esportes.

Claro que não é isso o que define o grande jornalista. Mas, em alguns casos, é o que pode ajudar a fazê-lo. O candidato a jornalista muitas vezes nem sabe que já está nessa categoria. Mas pode estar se formando nela ao comprar uma publicação sobre esportes, ao ler com mais atenção do que de costume sobre a história de determinado clube ou jogador. Muitas vezes, esse conhecimento não desgruda nunca mais da cabeça do garoto.

Vale para quem ama futebol. Vale para quem acompanha outros esportes. O menino italiano Cláudio Carsughi, comentarista da rádio Jovem Pan de São Paulo, nunca deixou o jornalista esquecer-se de que ia a Monza assistir às corridas italianas dos anos 1940, antes mesmo do nascimento da Fórmula 1. Isso serviu tanto para apaixonar o garoto quanto para dar-lhe as primeiras noções do que era conhecer o assunto. Tanto que ele não se deixa até hoje iludir pelo que o olhar de menino lhe dizia: que os pilotos daqueles tempos eram fenomenais, os maiores da história. Mas, não, os maiores mesmo viriam anos depois, quando já era adulto.

O menino apaixonado por futebol pode achar que um zagueiro de seu clube de coração é o melhor zagueiro de todas as épocas, apenas porque fez três ou quatro partidas muito boas. O homem adulto, jornalista formado, não se deixa iludir. Justamente porque carrega todo o nível de conhecimento que o menino deixou de herança. No caso do jornalismo esportivo, o menino deixa uma história muito mais bem formada do que a revelada pelo menino que se transforma em jornalista político ou da área econômica. Este aprende com o garoto de 12 anos os segredos do bom texto. Aprende com a leitura de livro bem escrito, com relato bem contado por algum parente paciente.

Dificilmente, no entanto, aquele menino que vira jornalista brilhante tem contato tão cedo com o que mais tarde se tornará sua matéria-prima: a informação sobre o assunto destacado. Por contraditório que pareça, o conhecimento adquirido pelo garoto de 12 anos raras vezes é tratado como algo relevante. De acordo com o mercado, o menino de 12 anos gostava de esporte. De futebol. Não sabia nada de jornalismo, por mais que o conhecimento que adquirisse viesse sempre de mãos dadas com o bom relato ou a boa matéria.

O menino de 12 anos não sabia nada. O erro embutido nesse pensamento deriva de dois fatores. O primeiro é a arrogância de quem julga todo conhecimento jornalístico eminentemente técnico. O que importa é saber construir uma boa história, priorizar a informação, ter noção exata de qual é o lide da matéria que está por nascer e o encadeamento de ideias para tornar a história suficientemente atraente. Tudo isso é bom jornalismo. É a síntese da profissão, que vive de apurar informações inéditas e construir matérias corretas. O que não exclui que, quanto mais bem formado for o jornalista, mais fácil será adquirir técnica.

E o que é boa formação? A cada dia que passa, mais gente julga absolutamente dispensável a obrigatoriedade do diploma de jornalista para o exercício da profissão. E já ficou caduco mesmo esperar que o diploma seja o principal mecanismo para entrar no mercado de trabalho. O principal mecanismo é o conhecimento, que se adquire em bom curso de graduação em qualquer área. O bom advogado pode ser bom jornalista. O bom profissional formado em Ciências Sociais será capaz de decifrar os mecanismos que servem para construir uma boa matéria. Ou o que houver adquirido conhecimento nos bancos de faculdade e tiver nível teórico suficiente para não ser passado para trás em conversa com economista ou político.

Este poderá até mesmo correr o risco de ser passado para trás por técnico ou jogador de futebol. Porque não raro aparece em campo de treino alguém trazendo na bagagem o mesmo nível de conhecimento teórico tanto de bola quanto do tufo da grama em que pisa.

De futebol, todo mundo entende. De buraco de rua também. O que justifica que o repórter em início de carreira seja logo largado às feras e dê de cara com um bando de jogadores de futebol. Afinal, eles mal têm percepção para saber se o garoto entende ou não do riscado.

Em geral quem pensa assim é o editor, que só pode se arriscar a conversar mais longamente com o treinador de bola se contar com a compreensão do interlocutor. Porque este sabe bem que o menino que chega ao treino, nos dias de hoje, sabe pouco ou nada de bola. Porque, boa parte das vezes, é rapaz que buscou a vida no jornalismo porque gostava de escrever. Mas o que escrever bem tem a ver com entender de assunto que será detalhado em páginas de matéria?

Sim, é verdade também que entender do assunto não resolve todo o problema. De que serve o conhecimento específico de determinado assunto se não se transforma em matéria jornalística? Se não tiver coesão e estilo? Aí é que volta a existir o velho garoto de 12 anos, aquele que muitas vezes aprendeu a escrever quase por reflexo, lendo textos de alguns dos principais jornalistas do país. Sim, porque qual grande jornalista do país nunca escreveu uma linha que seja sobre esportes, até como vítima da lógica cruel que joga todo menino sem especialização para o primeiro treino que lhe aparecer pela frente?

É cada dia mais comum ver técnicos, jogadores, preparadores físicos e fisiologistas reclamando do desconhecimento de profissionais que atuam em jornais em busca apenas da notícia. Que não buscam saber o que se passa dentro de um centro de treinamento e das coisas que explicam esse ou aquele procedimento. Uma simples suspeita de equívoco é suficiente para transformar deslize em escândalo. Ou um procedimento de rotina em absurdo completo, que põe em risco o resultado de um ano inteiro de trabalho de uma equipe.

Só não é tão comum ainda quanto ver pilotos e mecânicos de equipes de Fórmula 1 reclamando do despreparo das pessoas envolvidas na temporada. O símbolo desse questionamento dos pilotos era o brasileiro Nelson Piquet. Nos anos 1980, ele ganhou seguidas vezes o Prêmio Limão, oferecido ao esportista mais antipático do circo da Fórmula 1. Nunca reclamou por isso. Sabia que o prêmio lhe era outorgado por jornalistas que reclamavam do tratamento a eles dispensado. Quem conhecia o assunto, no entanto, nunca reclamou da maneira como Piquet se referia a eles. E Piquet resmungava:

> O que eu não suporto é jornalista que não sabe do que está falando. Quem acompanha a temporada inteira entende o que acontece nos boxes, sabe o que se passa quando um piloto está no cockpit. A esses dedico total atenção. Não aguento é desembarcar num Grande Prêmio Brasil e ouvir alguém me perguntando se faz diferença usar um tipo de pneu ou outro ou qualquer outro tipo de pergunta imbecil.

A falta de paciência de gente como Piquet aumentou o cuidado dos veículos brasileiros de imprensa com suas equipes nas temporadas de Fórmula 1. O automobilismo exige um preparo técnico que outros esportes não exigem. Por isso, é comum, tanto quanto no futebol, ver gente que não é do ramo trabalhando em coberturas de esportes como basquete e vôlei. Nessas áreas, porém, há também quem se prepare. Não é exatamente o caso de quem trabalha com o futebol. O esporte das massas é visto por quem chega ao mercado como a área da qual todo mundo entende. Visão equivocada, mas avalizada por boa parte dos editores. Todo mundo viu futebol um dia na vida. Então, pronto! Está definido o futuro do jornalista sem especialidade.

Se o rapaz for daqueles garotos de 12 anos, terá boa chance de estar no caminho certo porque carregará consigo conhecimento teórico que, somado às noções que o jornalismo exige, poderá lhe proporcionar carreira de sucesso. Se não for estará fadado a cometer erros por absoluta ingenuidade no trato com o assunto que, à primeira vista, parece de domínio público.

Em 1992, a multinacional italiana Parmalat anunciou acordo de parceria com o Palmeiras. Acordo que durou oito anos, sempre cercado de desconfiança. Parecia impossível a um clube tradicionalista como o Palmeiras permitir que uma empresa multinacional tivesse ingerência na sua administração. Uma vez por ano, pelo menos, uma suspeita de que o clube teria a intenção de acabar com o acordo aparecia nas páginas dos jornais de São Paulo. A notícia tinha sempre base em fonte do conselho deliberativo do clube. Era trabalho realizado por repórteres com total senso jornalístico. Faro de repórter, sempre em busca do furo. A informação da saída possível da Parmalat nunca havia se concretizado até 1999, quando uma única matéria, feita sem a pretensão do furo, apanhou todo mundo de surpresa. Veiculada pelo *Lance!*, não dizia em momento algum que a empresa encerraria seu vínculo com o Palmeiras, mas alertava que a necessidade de mercado poderia fazê-la deixar o futebol cada dia mais de lado. Seis meses depois, a empresa anunciou que encerrava seu ciclo no Palmeiras.

Nesse caso não estava em questão a cultura esportiva que o garoto de 12 anos empresta ao jornalista, mas apenas uma palavra: conhecimento. Das circunstâncias de mercado, que valem muito mais do que a declaração bombástica de algum personagem envolvido na história. Este pode passar manchete que jamais terá repercussão histórica. E jornalismo, em esporte, como em outras áreas, frequentemente é bem mais do que simples manchete.

É em geral a capacidade de transformar o conhecimento acumulado ao longo dos anos em notícia concreta e, se possível, com consequências importantes para a sociedade. O garoto de 12 anos chegará ao mercado aos 21 em clara vantagem em relação a seu colega. O conhecimento adquirido poderá permitir-lhe maior compreensão dos fatos, o que certamente lhe facilitará o contato com as fontes e lhe dará condição de construir matérias muito mais detalhadas do que seu colega sem a mesma cultura específica.

É PRECISO TER PAIXÃO?

O jornalista Guilherme Gomes nunca pensou em dedicar-se à área esportiva. Filho do jornalista Tão Gomes Pinto, Guilherme passou pela revista *IstoÉ*, pelo jornal *O Estado de S. Paulo*, trabalhou como repórter de política, de variedades e de geral. Em 1997, recebeu convite para integrar a primeira equipe de repórteres do *Lance!*. O esporte não estava na sua veia. O time do coração era o São Paulo, mas o interesse pelo futebol nunca tinha passado da compra de ingresso para assistir a jogos nas arquibancadas. Interesse profissional ainda não existia.

Guilherme Gomes tornou-se editor-executivo do *Lance!* em São Paulo. Bom profissional, destacou-se como repórter da área, investiu no aprimoramento, na descoberta de novas informações e no que aprendeu desde cedo: ser repórter.

As noções técnicas da profissão dão aval a quem quiser trabalhar em qualquer área. É preciso mais esforço. Investir na cultura sobre o assunto, que não é tão fácil adquirir quanto parece. É preciso ter cuidado jornalístico redobrado. Mas os princípios da profissão valem tanto para quem tem quanto para quem não tem paixão pelo jornalismo.

Checar informação é fundamental para quem não aprendeu a amar o esporte. Mas o que dizer de quem se apaixonou a tal ponto que confia cegamente na memória e despreza a apuração de informação histórica? E que erra justamente por isso? Em um e em outro caso, no entanto, o conhecimento vai se misturar à experiência, palavra-chave para o sucesso de qualquer grande jornalista. É a experiência que permite avaliar quando a notícia é plantada por fonte. Quando a informação pode ser benéfica ou desfavorável a alguém nela envolvido.

É a experiência que vai ensinar ao jornalista avaliar a importância da informação e definir qual tratamento dar a ela. E ao mesmo tempo vai fazê-lo não subestimar notícia aparentemente irrelevante. É, enfim, o elemento que o fará duvidar de si próprio, mesmo quando sua memória jurar que a informação historicamente correta é a que está na sua cabeça. Muitas vezes, não é.

Essa lógica funciona para jornalistas de qualquer área. Funciona também para médicos e advogados, para profissionais dos mais diversos setores. Não é à toa que os grandes colunistas da imprensa política e econômica atingem grau de maturidade suficiente para se tornarem colunistas após anos de reportagem exaustiva nas ruas, após batalhas intermináveis para cultivar fontes e não permitir que o relacionamento com elas impeça a publicação de notícia realmente importante. Os anos passam e o jornalista esportivo melhora também. Tanto que deixa de atuar na área esportiva.

É muitas vezes a incrível contradição da profissão. Contradição que contempla hoje profissionais de vários segmentos, não apenas do esporte. O repórter cresce, evolui, adquire tanto conhecimento que se torna caro demais para que o jornal o mantenha. Ou perde motivação para continuar na batalha por 12, 15 horas de trabalho diário e prefere o caminho mais fácil da assessoria de imprensa.

No caso do jornalista esportivo, a contradição é mais grave porque a falta de anunciantes e a dificuldade que têm as redações de manter bons salários as empurram para a economia de guerra. E empurram também o jornalista de esportes para outras áreas cuja remuneração seja melhor. A contradição permanece mesmo para quem decide continuar na área contra todos os prognósticos. Seguir carreira de repórter pode representar, em várias empresas, a possibilidade de ganhar salário digno. Planos de carreira, como os da *Folha de S.Paulo*, de *O Globo*, da Editora Abril, permitem ao repórter ganhar o mesmo que um editor ou até mais.

Permitem, é claro, a repórter de comprovada competência e experiência. Quando atinge esse *status*, ele geralmente vira vidraça. Não raro os cortes salariais atingem justamente os profissionais mais caros. Logo, quanto maiores forem o conhecimento e a experiência, maior será a possibilidade de o repórter executar trabalho mais benfeito. Maior também a chance de ele ser expurgado do mercado.

Há exemplos clássicos de gente que deixou os esportes e alçou voos mais altos para não correr riscos desse tipo. Há também os que preferiram trilhar outros caminhos para atingir plano profissional mais elevado. Exemplo disso é Armando Nogueira, que há décadas deixou de ser jornalista de esportes. Virou grande jornalista, foi diretor da Rede Globo e voltou à área que o consagrou para dar seus palpites sobre assuntos de que gosta.

A NOTÍCIA É MAIS IMPORTANTE

Há outros exemplos de gente que preferiu ficar na área. Mas que perdeu parte da velha qualidade para continuar fazendo o que mais apreciava. Roberto Avallone foi repórter brilhante quando trabalhava no *Jornal da Tarde*. Fez parte da equipe que fundou o jornal, ainda com o nome de *Caderno de Esportes*. Investia em grandes reportagens, impressionava pela capacidade de apuração. Nos anos 1970 tornou-se o principal nome do caderno de esportes do *Jornal da Tarde*, junto com Vital Battaglia. Ganhou três Prêmios Esso de informação esportiva. No início dos anos 1980, descobriu que tentar a carreira televisiva seria mais interessante do ponto de vista econômico. Virou apresentador da TV Gazeta e continuou com a coluna "Jogo Aberto", no *Jornal da Tarde*, até 1988. "Investir em televisão é o melhor negócio. Paga muito melhor e dá ao jornalista que trabalha com esporte uma visibilidade que os jornais não oferecem mais", diz.

O jornalismo impresso perdeu um dos maiores nomes em esportes nos anos 1970 e 1980. A televisão nem ganhou tanto. A intenção original da TV Gazeta era repetir o sucesso da "Mesa Redonda" do início da década de 1970, quando comentaristas populares como Peirão de Castro, José Italiano e Mílton Peruzzi conseguiam bons índices de audiência. Avallone assumiu o posto de apresentador da "Mesa Redonda" da Gazeta em 1984. Nessa época, produzia debates de bom nível e parecia nem se preocupar tanto em agradar as torcidas dos grandes clubes de São Paulo. Ainda em 1984, um de seus programas teve um bloco inteiro dedicado à Copa Europeia de Nações disputada na França, cuja maior estrela era Michel Platini. Avallone ganhou espaço, divulgação, virou estrela da programação da TV Gazeta. Não parecia muito, visto que a emissora tinha penetração basicamente na capital paulista. O fato é que a possibilidade de ser visto por 15 milhões de pessoas aos poucos foi mexendo com o jeito de conduzir a programação.

Pessoalmente, Avallone continua o mesmo daqueles anos. A telinha passou a vender a imagem de alguém que passou a julgar-se mais importante do que a notícia. Eis o grande risco do profissional que começa a ser exposto diariamente na mídia. Jornalismo é notícia. Ela é a razão de ser do jornalista. E do jornalismo. Construída com inteligência, com conhecimento do assunto, com encadeamento de ideias, coisas que exigem bons profissionais.

O jornalista esportivo corre dois grandes riscos. O primeiro, quando se trata do profissional que se interessou pela área graças à herança deixada pelo garoto de 12 anos: é esquecer-se de que a paixão movia seu interesse pela notícia esportiva. O garoto envelhece. O ídolo que o levava ao estádio já não é mais tão interessante. O esporte não oferece mais tantas novidades. Mas, sem perceber, o jornalista continua se referindo às modalidades esportivas como sua grande paixão. Ou como arremedo dela. Diz que não existe mais brilho no esporte, que não há mais craques como no passado, que os jogos já não atraem tanto, que não se deve ir à praça esportiva. Justamente o contrário do que lhe ensinou o garoto de 12 anos: apaixonar-se pelo esporte.

O fim da paixão é também a derrocada do profissional, que já não enxerga a razão que o fez seguir o caminho do jornalismo. Essa lógica vale também para quem não entrou no mercado em razão da paixão pelo esporte, mas pelo amor ao jornalismo. Esse, no entanto, muitas vezes não traz o ressentimento da paixão sufocada pelo tempo.

O risco maior, no entanto, é enxergar em si próprio razão mais nobre para o interesse do leitor/ouvinte/espectador do que o esporte. E do que a notícia. Parece o limiar da loucura, mas é mais comum ver jornalistas sofrendo desse mal do que se imagina. Julgar sua importância maior do que a da notícia é o ponto de partida para a derrocada profissional. Derrocada que pode durar anos de aparente sucesso, mas queda vertiginosa no olhar da crítica. O duro golpe pelo qual já passaram jornalistas brilhantes como Milton Neves, no rádio, e Roberto Avallone, na televisão paulista.

OS OUTROS ESPORTES

Esse risco é sempre menor quando o jornalista trabalha com esportes de menor divulgação na mídia, como vôlei, basquete e tênis. Em algumas dessas modalidades, o atleta exige especialização do jornalista. E ela se dá exclusivamente pela experiência adquirida. Adalberto Leister Filho entrou no *Lance!* em 1997. Queria trabalhar com futebol. Não era o sonho de sua vida. Adalberto quis virar jornalista, como vários outros, porque gostava de escrever. E porque tinha interesse pela notícia.

Como o primeiro convite que recebeu ao sair da faculdade foi do *Lance!*, Adalberto decidiu que queria trabalhar com futebol. Nos primeiros tempos, atuou na cobertura diária do Palmeiras. Ia todos os dias para os treinamentos, acompanhava cada detalhe da equipe. Era repórter novato em busca do furo. Tudo o que queria era uma informação exclusiva. Às vezes pecava pelo excesso. Outras vezes, pela superficialidade, o que incomodava o corpo de editores do diário.

No primeiro revezamento de repórteres, Adalberto foi deslocado para os esportes olímpicos. Ficou irritadíssimo. Não queria saber de trabalhar com esportes que implicavam menos visibilidade, em seu entender. Aos poucos, no entanto, foi tomando gosto. Em menos de dois meses, percebeu que aquilo seria mais interessante que passar anos correndo atrás de jogadores de futebol. Começou a acompanhar o vôlei com afinco, investiu em boas matérias de boxe. Encontrou personagens interessantes, produziu matérias de qualidade. Em um ano, foi convidado pela *Folha de S.Paulo* para trabalhar com esportes olímpicos. Adalberto cobriu as Olimpíadas de Atenas, em 2004, pelo jornal. Claramente não teria o mesmo sucesso se continuasse trabalhando com futebol.

Ele é o caso do bom repórter que decidiu especializar-se. Não há tantos exemplos de gente que saiu das quadras para tentar especializar-se em algum esporte olímpico. Em esportes como basquete e vôlei, a especialização como a que fez Adalberto é mais simples. Os atletas carecem de divulgação e muitas vezes ajudam os que chegam aos ginásios com a finalidade de aprimorar-se. Em pouco tempo, o repórter ganha respeitabilidade, menos pelo conhecimento técnico de que dispõe e mais pelo reconhecimento dos atletas pelo fato de ele estar lá, disposto a aperfeiçoar-se.

Uma legião de grandes jornalistas se formou assim. Outros como Jorge Luiz Rodrigues, brilhante repórter de *O Globo*, investiram na cultura de todos os esportes. Este sim, apaixonado. De tanta dedicação, Jorge Luiz virou enciclopédia. Seus conhecimentos vão do futebol internacional ao vôlei de praia. Cobriu quatro olimpíadas, tornou-se respeitadíssimo na área, como um dos principais especialistas no assunto.

Em São Paulo, jornalistas como Nicolau Radamés e Marcelo Laguna especializaram-se em esportes olímpicos. Não são especialistas neste ou naquele esporte. Mas em esportes olímpicos de modo geral. Laguna diz que prefere trabalhar nessa área por receber pressão infinitamente menor do que a atribuída aos jornalistas do futebol. Outros recebem pressão até maior. Como os que acompanham o circo da Fórmula 1 há anos.

Lemyr Martins foi um dos primeiros jornalistas brasileiros a viajar atrás do circo da Fórmula 1. De tão reconhecido como especialista da área, era dos poucos respeitados até por Ayrton Senna. No dia do acidente fatal com Senna em Ímola, Lemyr recebeu o recado de que o piloto queria conversar com ele. Queria passar informação ao jornalista que o acompanhava desde os tempos do kart. Quem Senna não conhecia desde esses tempos não recebia tratamento tão bom. Nem mesmo Reginaldo Leme, que chegou a brigar com o colega Galvão Bueno por causa do relacionamento deste com o piloto.

Cavar espaço em um meio no qual a projeção é rara e para poucos é mais difícil. Assim como os pilotos de Fórmula 1 exigem nível de conhecimento maior até do que o nível exigido dos jornalistas de futebol pelos jogadores, os atletas do tênis fazem o mesmo com os jornalistas desse esporte. Nem tanto os que estão à margem do circuito mundial. Fernando Meligeni, o segundo tenista brasileiro no final dos anos 1990, admite qualquer tipo de pergunta. Gustavo Küerten, não.

O conhecimento de quem faz a pergunta precisa existir. Acompanhar a carreira de quem é ou foi número um do mundo não é para qualquer um. E quem demonstra mais conhecimento acaba levando a melhor. É o caso de Chiquinho Leite Moreira.

Pouca gente tinha mais tempo de estrada do que ele quando Guga explodiu ao ganhar o Torneio de Roland Garros de 1997. Pouca gente tinha tanta bagagem para conversar sobre tênis quanto Chiquinho. Não parece grande vantagem quando se conversa com tenista de nível médio. Mas é um grande salto quando a questão é conseguir boas informações de tenista *top*.

Especializar-se nunca é demais. A questão, quando se trata de esportes olímpicos de pouca divulgação no Brasil, é saber esperar pela hora certa de o trabalho aparecer. Pode durar anos. Pode nunca se concretizar. Por isso, é tanto melhor saber por que a escolha recai sobre essa ou aquela modalidade. Os apaixonados pelos esportes escolhidos sempre agradecerão.

COMO MONTAR UMA REDAÇÃO

O jornalista Cassiano Gobbet saiu da escola de jornalismo da Fiam e iniciou a carreira no site que ele próprio criou, o Trivela. Nele fanáticos por futebol sem lugar na grande imprensa conseguem expor suas ideias. Cassiano é maníaco por jornalismo esportivo. E crítico feroz de tudo o que vê. Em maio de 2002, na semana que sucedeu a conquista do Campeonato Alemão pelo Borussia Dortmund, ele escreveu uma crônica desancando a cobertura da ESPN Brasil. Ou melhor, seus comentaristas. Dizia que era absurdo contar com um comentarista exclusivamente por ser alemão. Tratava Gerd Wenzel como alguém que mal sabe a diferença entre uma bola e um balão de gás.

O que não é verdade. Wenzel não é jornalista, mas transmite a cultura do país. Conhece bem a geografia de sua Alemanha natal, as peculiaridades de cada equipe, a história de cada campeonato. Mas causa inveja a todo e qualquer jornalista que tem o sonho de comentar um campeonato desse tipo.

É mais ou menos a experiência de Sílvio Lancelotti dos tempos em que comentava o futebol italiano na Bandeirantes. É mais ou menos a sensação de todo jornalista especializado em esportes quando alguém chega de outra área para ganhar um bom salário trabalhando com esportes. Verdade que há palpiteiros de sobra no mercado esportivo, como o escritor Inácio de Loyola Brandão. Logo depois da Copa do Mundo, ele comparou o jornalismo esportivo com o de outras áreas. E disse que haveria demissões em massa em qualquer outra área se tanta gente tivesse errado prognósticos. Como se não houvesse palpites infelizes em outras áreas. E como se os erros da imprensa esportiva não fossem muitas vezes cometidos por gente que veio de outras áreas do jornalismo.

A convivência com os que se julgam profundos entendedores de futebol, que vivem à base da paixão e do estudo, geralmente não é fácil para quem vem de outras áreas. Mas é necessária.

Na formação da equipe de *Placar Futebol, Sexo e Rock 'n' Roll*, em 1995, todos os jornalistas que faziam a revista temática entre 1991 e 1994 foram timidamente convidados a deixar a redação. O que causou profundo mal-estar nos dois que ficaram: Manoel Coelho e eu. A nova equipe misturava gente de diversas áreas. Gente até então habituada ao jornalismo econômico, como Sérgio Xavier Filho. Ao jornalismo político, como Milton Abrucio Jr.. A intenção era juntar diversas maneiras de enxergar o futebol.

Na primeira equipe do *Lance!*, havia sempre a ideia de criar um centro de conhecimento em esportes. Mas, claro, nem todos eram especialistas nessa área. O centro de conhecimento foi se perdendo aos poucos.

Em junho de 2000, quando decidi deixar a redação do *Lance!* para breve retorno à revista *Placar*, em rápida conversa telefônica com Juca Kfouri, expus minha opinião sobre o risco de ter uma redação cada dia menos apaixonada por esportes. Sua réplica: "Boa redação não se faz apenas com jornalistas com amplo conhecimento do assunto". Verdade. Criatividade não se compra em farmácia nem se adquire sentando-se durante anos nas arquibancadas de estádios, ginásio e autódromos. Para que haja convivência saudável, convém mesclar os que parecem pensar exclusivamente em futebol com os que têm interesse em outras áreas. Bom que haja sempre um grande repórter, capaz de esforço investigativo em busca de informação inédita sobre alguma crise política em clube de futebol. Bom que haja alguém com boas noções de legislação, para entender, por exemplo, por que o Comitê Olímpico Brasileiro pode ou não repassar verbas para essa ou aquela confederação esportiva. Bom que haja alguém capaz de entendimento tático sobre assunto específico de futebol, para manter boa conversa com treinador de renome.

O que se verifica atualmente, no entanto, é a ditadura do oposto. Despreza-se muito o conhecimento teórico adquirido por jornalistas. E o exercício do jornalismo vira atividade técnica pura e simples. O comentarista de televisão é geralmente alguém com história dentro do esporte. E não importa que o repórter não consiga formular pergunta mais nobre do que "E aí?".

É como se o jornalismo fosse apenas capacidade de apurar informação. E não precisasse transmitir informação ao receptor com qualidade. O canal SporTV, por exemplo, escolheu para seu corpo de comentaristas um time de primeira de ex-jogadores. Time que começa com Júnior, titular da Seleção Brasileira nas Copas do Mundo de 1982 e 1986, inclui o ex-goleiro Raul e continua com jogadores menos conhecidos como o meia Zenon, ex-Corinthians, o zagueiro Gonçalves, campeão brasileiro pelo Botafogo em 1995, o meia Leivinha, que disputou a Copa do Mundo de 1974. Eles não estão na emissora pela capacidade inconteste de transmitir o conhecimento que adquiriram dentro de campo. Exceção feita a Júnior, todos despertam dúvidas quanto aos comentários sobre o futebol do presente, embora ninguém conteste a qualidade do futebol demonstrado no passado, dentro do campo. Mas eles estão lá porque têm grife, nome forte, capaz de atrair os torcedores para a transmissão.

Têm? Os garotos Guilherme e Bruno Arantes Teixeira são gêmeos. Nasceram no dia 26 de setembro de 1987, quando, entre os comentaristas da SporTV, só Júnior, Gonçalves e Zenon ainda continuavam em atividade. Zenon parou em 1989. Diante da TV, os gêmeos lançaram a pergunta: "Ele foi jogador?"

Se o único motivo capaz de despertar interesse no espectador é o comentarista ter sido jogador de futebol, é bom que esse fato seja de domínio geral do público. Para as gerações mais jovens, isso pode passar totalmente despercebido. Como em qualquer outro setor, é preciso atualização constante. Não basta ter vivido o mundo do futebol. É preciso continuar a vivê-lo dia após dia.

Até aqui, as emissoras de televisão a cabo foram as únicas a investir na formação do jornalista especializado. No passado, eu costumava acompanhar partidas de futebol com comentaristas que não sabiam nada do que estava acontecendo. Hoje em dia, isso já mudou um pouco de figura. E cada dia mais a coisa vai melhorar.

Mesmo assim, grande parte dos comentaristas que continuam dando palpite errado vem da velha guarda. De um tempo em que valia mesmo prestar atenção no futebol doméstico. E só prestar atenção ao que acontecia fora das fronteiras do Brasil na hora de um mundial. Coisa cada dia mais difícil em tempos sem fronteiras, em que os jogadores de futebol têm, em geral, muito mais informação do que os jornalistas. O que torna cada dia mais difícil formar redações que confiem mais na criatividade do que na informação.

Mas como o melhor é sempre informação com criatividade, nada melhor do que transpirar em busca da correção e da genialidade. Até porque jornalismo é profissão em que transpiração vai sempre valer mais do que inspiração.

Quem disse isso foi um dos mais inspirados jornalistas da história recente das revistas do país: Carlos Maranhão. Segundo ele, trata-se de profissão que exige 90% de transpiração e 10% de inspiração. Alguém que transpirou enquanto esteve na imprensa esportiva e cuidou de manter viva a paixão dos tempos de menino. Quando desistiu de manter acesa a luz do garoto de 12 anos, trocou o jornalismo e o carinho dedicado ao Atlético Paranaense pelas páginas da *Playboy* e, mais tarde, de *Veja São Paulo*. Ainda assim, participou das coberturas olímpicas de 1992, 1996, 2000, 2004 e 2008 e das Copas do Mundo de 1982, 1986, 1990, 1994, 1998, 2002, 2006 e 2010.

O ideal é sempre casar criatividade e conhecimento. Colocar lado a lado jornalistas famosos pelo alto nível de informação específica e outros com rigor jornalístico, técnico e conhecimento de diversas áreas da profissão. Gente que vê algo e sabe exatamente seu significado. Ou que nunca viu coisa alguma de algum time e, por isso mesmo, é capaz de extrair notícia de onde ela aparentemente não existe. Casar as duas coisas não é fácil. Mas é a maneira ideal de conseguir o melhor desempenho possível de quem trabalha com esporte.

Apesar de ter razão quem diz que essa lógica não existe em outras redações, é absolutamente pertinente transformar bom jornalista da área cultural em importante colunista, como foi o caso de José Geraldo Couto na *Folha de S.Paulo*. Ou ver outro colunista da "Ilustrada" virar bom redator do caderno de esportes, como Lúcio Ribeiro. Este brilhou como repórter e colunista da "Ilustrada". Deixou o caderno de cultura e foi levado para o "Esporte" porque possuía, ele sim, conhecimento dos tempos em que se sentava nas arquibancadas molhadas do Parque Antártica. Mas sua maior contribuição ao jornalismo continua sendo nas páginas da "Ilustrada", na qual assina a melhor de todas as colunas sobre a cultura pop.

Não se vê, no entanto, ninguém com história no jornalismo esportivo dando palpites e assinando críticas de cinema. Mesmo que esse especialista em esportes seja aficionado por cinema, do tipo que assiste a todos os filmes que entram em cartaz.

O preconceito de outras áreas sempre vai incomodar quem se aperfeiçoou para trabalhar apenas com esporte. Por isso, a melhor maneira de lidar com essa situação é aprimorar-se e reverter toda ajuda possível em benefício próprio. E ainda torcer para que as redações sempre precisem de profissionais com bons conhecimentos sobre vários esportes. São as únicas formas de evitar ou rebater os comentários pejorativos que se fazem sobre jornalistas esportivos nas épocas de Copa do Mundo e Olimpíadas, os únicos momentos em que os homens comuns voltam seus olhos para o esporte de primeiro nível.

O TIME DO CORAÇÃO

Não existe jornalista de esportes, especialmente os que trabalham com futebol, que não tenha um time de infância. Ou melhor: há. Aqueles que nunca tiveram paixão pelo futebol e que optaram pela área esportiva apenas como meio de se desenvolverem profissionalmente podem nunca ter escolhido uma equipe para torcer. No entanto, quando o papo começa a esquentar na redação, sempre se declaram orgulhosos de ter torcido por uma equipe. Fica feio dizer que nada na vida jamais o atraiu no futebol. E que não tem um time do coração.

Dois dos mais famosos jornalistas brasileiros celebrizaram-se pelo time do coração. Um deles é Milton Neves. Desde que começou a ficar conhecido como um dos principais radialistas de São Paulo, sempre deixou claro que é torcedor do Santos. Que ouvia no rádio as partidas do seu time quando ainda vivia em Minas Gerais e que sonhava com o dia em que trabalharia com futebol para mostrar o conhecimento que adquiriu nos tempos em que era apenas ouvinte atento.

No outro extremo está Roberto Avallone. Desde que chegou à televisão, sempre fez questão de dizer que, como jornalista, não tem time do coração. Mas que fora do ar e fora do jornal torce, sim, por um time. Qual time? Isso ele nunca disse.

Não que precisasse. Em paródias de rádio FM e em cada esquina paulista todo mundo sabe que Roberto Avallone é torcedor do Palmeiras. O auge da tentativa de esconder o time de Avallone foi no final dos anos 1980. Em dias de vitórias históricas do Palmeiras, ele chegava ao estúdio sem voz. Em um dos dias de derrota, com a voz perfeitamente em dia, um espectador lhe perguntou qual era a cor da bandeira que seu filho levava aos estádios. Sem vergonha, o jornalista respondeu: "Verde. Mas isso é o que meu filho faz. Eu não tenho nada a ver com isso".O espectador menos afeito a acompanhar o trabalho de jornalistas e menos apaixonado por futebol pode não se interessar em saber qual é seu time do coração. Mas a maioria dos que conhecem a fundo o trabalho desses profissionais imagina, no íntimo, o time de cada um.

A história é mais bem trabalhada no Rio do que em São Paulo, mais resolvida entre os paulistas do que entre os gaúchos. No Rio, é comum saber o time do coração da maior parte dos cronistas. João Saldanha era botafoguense. Tão botafoguense que foi até técnico da equipe alvinegra na conquista do título estadual de 1957. Assumiu o time das mãos de Geninho, dias antes de uma excursão da equipe à Europa. Fez sucesso na excursão, seguiu no comando durante o campeonato e produziu um dos placares mais marcantes de uma decisão: 6 x 2 contra o Fluminense, em 1957.

Nunca ninguém acusou Saldanha de distorcer os fatos em colunas ou comentários. Saldanha conhecia futebol porque acompanhava o esporte desde os primeiros anos da vida. E porque conhecia o esporte nunca tratou de forçar a mão para um ou outro lado.

O mesmo vale ainda hoje com Washington Rodrigues, comentarista da Rádio Globo, do Rio. No Rio Grande do Sul, a polarização entre colorados e gremistas torna a coisa mais acirrada. Não é fácil para ninguém assumir que torce pelo Grêmio e ir ao Beira-Rio. Ou dizer publicamente que é Colorado e tentar assistir a um jogo no Olímpico. Mas há exemplos em que isso se verifica. Ruy Carlos Ostermann, o mais prestigioso comentarista gaúcho, escreveu o livro do Grêmio.

Também é difícil para os mineiros se comportarem assim. Mas em Minas é mais fácil ver cruzeirenses e atleticanos jurarem amor eterno a seus clubes. O jornalista e escritor Roberto Drummond morreu escrevendo sobre o Atlético Mineiro, falando sobre sua mineiridade e sobre os tempos em que via o ponta Lucas aprontando para a fenomenal defesa do Cruzeiro. Mas, atleticano doente, nunca se eximiu de elogiar o Cruzeiro, especialmente aquele famoso dos anos 1960, em que jogaram Tostão e Dirceu Lopes. Tanto assim que criou o nome para a torcida de que os cruzeirenses se orgulham até hoje: China Azul. A torcida cruzeirense crescia tanto e tão rápido quanto a população da China. Só que é azul. O nome coube muito bem, já que a torcida continuou crescendo e já superou a atleticana no Brasil inteiro, de acordo com pesquisa encomendada ao Datafolha pela TV Globo. Assim como Drummond, os jornalistas da atualidade não se envergonham de dizer o time do coração. Jaeci Carvalho, colunista do jornal *Estado de Minas*, nasceu no Rio de Janeiro, mas desde que se radicou em Minas escancarou sua paixão pelo Cruzeiro. E, no entanto, não se trata do melhor exemplo de dedicação ao jornalismo, apesar da paixão clubística.

Exemplo é Juca Kfouri, este, sim, caracterizado corintiano. Ele jamais comprometeu a isenção por causa da paixão clubística. Ao contrário, até escreveu livros sobre os tempos de torcedor, em que relembrou cada detalhe de cada viagem realizada, especialmente no Torneio Roberto Gomes Pedrosa de 1969, quando o Corinthians foi eliminado pelo Cruzeiro nas semifinais.

Seria depoimento difícil para atleticano doente como Roberto Drummond. Eis o ponto: não é preciso reforçar que se torce por determinado time. Nem é preciso negar. Reforçar poderá dar a impressão de que o comentário não é isento. Fulano só disse isso porque torce para tal time. Sicrano só disse aquilo porque prefere essa equipe. Não reforçar pode significar não dizer no ar, mas dar explicações fora da telinha. Bobagem tão grande quanto o jornalista que insiste em esconder o time pelo qual torce. Ele pode perder credibilidade por não divulgar aquilo que sabe desde criança: seu time do coração.

Não é o que faz o locutor Milton Leite, por exemplo. Ele fala a verdade, sem dizer seu time publicamente, no ar, na emissora em que trabalha. Diz que teme revelar a equipe do coração e ser agredido na entrada ou saída do estádio. "Passo muito tempo em estádios de futebol e a violência das torcidas é muito grande", avisa. Faz sentido. Também é muito fácil dizer o time pelo qual se torce quando ele é pequeno. Ou médio, como a Portuguesa.

Por outro lado, há quem busque refúgio nessas equipes. Times que muitas vezes fizeram parte da cultura esportiva do garoto que viveu em cidades do interior. Mas que não exclui a paixão verdadeira por outras equipes. É como dizer que torce pelo Noroeste de Bauru quando o amor verdadeiro é pelo Santos. Ou afirmar que torce pela Ponte Preta e de fato guardar uma sigilosa paixão pelo São Paulo. Como dizer que ferve pelo

Madureira e na verdade ter no coração o Fluminense. Casos famosos que evidenciam, para usar eufemismo, erro de informação. Mentira pura!

Vergonha para jornalista de qualquer área é não declarar sua preferência. Jornalista político tem o direito e o dever de votar. O fato de ter de comportar-se com isenção no período eleitoral não o obriga a anular seu voto. Da mesma forma, jornalista esportivo não deve nunca se envergonhar de torcer por essa ou por aquela equipe. Vergonha, para jornalista, é equivocar-se na informação, coisa comum quando se trata de apuração. Mas mentir sobre uma coisa que diz respeito à sua própria vida é esquecer-se do maior compromisso do jornalista: o compromisso com a verdade.

Minha opção: não dizer o time nunca, a não ser quando perguntado. Nesse caso, dar a informação certa, verdadeira. Dever, afinal, de todo jornalista.

JORNALISMO ESPORTIVO NA INTERNET

Na segunda metade dos anos 1990, a febre da internet tomou conta do Brasil. Já havia alguns anos, o fenômeno tomara conta dos Estados Unidos. E da Europa. Mas os sites ainda não eram difundidos a ponto de tornarem-se negócio.

O grande sinal de que o fenômeno começava a fazer brilhar os olhos dos grandes empresários foi dado quando a AOL comprou a Warner em 1997. Um negócio de milhões de dólares. Na mesma época, o lançamento do *Lance!* no Brasil veio acompanhado do sintoma de que a internet ia pegar por aqui também. Junto com o diário era lançado o www.lancenet.com.br.

O site do diário não era o primeiro sinal verdadeiro de que a internet estava chegando. Em 1994, os grupos Abril e Folha se uniram para criar o UOL. Se dois grupos tão grandes estavam interessados no *boom* da internet, algo muito sério estava por vir.

Foi só em 1999, no entanto, que a internet virou fenômeno tão grandioso que começou a tirar alguns dos melhores profissionais do jornalismo esportivo. José Eduardo de Carvalho trabalhava no *Jornal da Tarde* havia dezoito anos quando recebeu convite para dirigir o site da PSN, a empresa de TV a cabo criada para atingir o mercado de toda a América Latina.

José Eduardo deixou o *Jornal da Tarde*, no qual ocupava o cargo de editor de esportes. Junto com ele, levou alguns outros bons profissionais da área, como o repórter Paulo Guilherme, que participara em 1998 da cobertura da Copa do Mundo da França por *O Estado de S. Paulo* e da cobertura do Mundial dos Estados Unidos pelo *Jornal da Tarde* em 1994.

Luís Augusto Mônaco, também do *Jornal da Tarde*, seguiu junto para o site da PSN. Os salários eram altíssimos. Três, quatro vezes mais do que as redações de jornais e revistas. O portal da PSN foi responsável também pela criação do site do Corinthians. E mais gente deixou as redações para ocupar vagas no novo veículo.

Junto com a PSN, uma porção de outros sites tomou conta do mercado de esportes. O IG tirou o repórter André Rizek do *Lance!* e o Sportsya tirou-lhe metade da redação. O diário era muito visado pelas novas empresas por pagar alguns dos piores salários do mercado. Não era difícil também ver gente saindo de redações maiores. Luiz Estevam Pereira deixou *Placar*. Alexandre Gimenez largou a *Folha de S.Paulo*. Ambos foram seduzidos por propostas do portal Pelé.net.

Parecia a redenção dos jornalistas. Acostumados a salários mingua-dos no final do mês, alguns receberam propostas milionárias. A situação lembrava de longe a de jogadores de futebol, convidados por clubes rivais a ganhar duas, três vezes mais do que recebiam nos clubes anteriores.

Ao mesmo tempo em que novas empresas surgiam, as redações já existentes dos veículos tradicionais eram convidadas a fazer parte do *boom* da internet. Os jornalistas da *Folha de S.Paulo* reclamaram por não receber nenhum adicional pelas matérias publicadas no site. Houve pro-blemas por algum tempo, mas rapidamente acabou havendo um acordo.

No *Lance!*, a criação do Lancenet gerou certa insatisfação, que nunca foi manifestada diante da direção da empresa. O Lancenet nasceu como forma de fincar a bandeira no novo mercado. Não era certeza de sucesso, mas a esperança de sair na frente quando a internet pegasse no breu. Pegou e, de fato, o Lancenet saiu na frente. Durante certo período, com o *Lance!* no vermelho, o site virou ponto de referência para o mercado publicitário. Do grupo de investidores do diário, a maior parte tinha interesse no site. E ano após ano aceitava incluir mais alguns dólares na conta do diário pela expectativa produzida pelo site. Em pouco tempo, o Lancenet passou a valer milhões. Mais do que concorrentes como Sportsya e Pelé.net.

E não era difícil entender a explosão do Lancenet. O site gastava pouco dinheiro. As matérias chegavam da rua. Toda reportagem escrita para o jornal ia diretamente para o site. Com o tempo, a estrutura do portal melhorou. Em janeiro de 2002, três pessoas se revezavam na coleta de informações. Recebiam-nas da rua, conversando por telefone com os repórteres do diário. Escreviam dois, três parágrafos. E pronto: estava feita uma nota para o Lancenet. Alguns dos repórteres do diário deslocados para a cobertura do site começaram a se destacar. No primeiro semestre de 2002, a maior parte dos furos jornalísticos da empresa foi dada pelo repórter Daniel Santini, no Lancenet.

Só que a festa dos sites acabou no início de 2001. O IG dispensou toda a equipe de esportes, justamente por fazer parceria com o Lancenet. A direção do site julgou desnecessário o investimento, pois os anunciantes não se interessavam pelo novo veículo. A fuga dos investidores provocou uma catástrofe nas redações de todos os veículos ligados à internet.

O melhor exemplo da debandada dos investidores não veio do esporte. O site Bemcasado era dedicado às noivas. Cuidava de grandes casamentos, dava dicas sobre igrejas, atingia o mercado das noivas oriundas de famílias ricas e tinha expectativa de enormes lucros. Mas os investimentos fugiram. Em março de 2001, sua sócia majoritária decidiu desfazer-se do negócio e começou a procurar compradores. Mas deixou escapar em uma gravação que tinha de vendê-lo a qualquer custo para evitar a bancarrota. No domingo seguinte, a matéria sobre a tragédia nas empresas de internet estava na capa da revista *Exame*. O

Bemcasado durou apenas mais alguns dias antes de provocar demissões de profissionais consagrados, como a ex-diretora de redação de *Capricho*, Patricia Broggi. Lógico também que o caos que já estava atingindo as empresas de internet terminou por contagiar as demais.

A estabilidade chegou em 2002. Quem tinha de continuar investindo continua até hoje. Quem não tinha deixou a área e já não causa grandes rebuliços. Mas o estrago foi considerável. Bons profissionais deixaram o mercado e têm dificuldade para retornar. Alguns desistiram. Quem continua trabalhando produz notas diárias, com informações que sempre causam ao jornal do dia seguinte o sabor de pão amanhecido. Claro, para quem tem o hábito de acompanhar todos os noticiários dos sites.

Para as empresas de internet, diminuiu um pouco o calor da concorrência que produzia cenas insólitas em redações como a do IG. Em 2000, era comum a mesma notícia ser dividida em oito notas. Assim, aumentava o volume de títulos inéditos entrando no ar, o que passava ao investidor a sensação de que estava à frente do concorrente. E o IG se jactava de colocar mais notas no ar do que o UOL, seu concorrente direito. O mesmo valia para o UOL. Cada centímetro de matéria escrito em velocidade maior do que o rival valia um ponto para a redação. Cada segundo no ar antes do concorrente valia também um elogio. Não importava sequer que a precisão da informação ficasse em segundo plano. Se fosse preciso, nova nota entraria no ar corrigindo a anterior. Tudo com o aval de gente competente, como Matinas Suzuki Jr., jornalista experiente, com passagens pela secretaria de redação da *Folha de S.Paulo* e pelo gabinete da presidência do grupo Abril.

A volúpia com que a internet passou pelo mercado editorial do Brasil causou graves estragos para os jornalistas consagrados. Muitos perderam o emprego, muitos ainda procuram meios de voltar para o mercado de trabalho, tão combalido antes das demissões de 2000 e 2001 e mais baleado ainda depois. Mas o maior dano pode ter sido gerado para os meninos que entraram no mercado e que saíram da aventura com a sensação de que vale mais uma notícia publicada rapidamente do que uma informação checada criteriosamente antes de ser publicada.

Ao mesmo tempo em que isso acontecia, o presidente da empresa, Nizan Guanaes, dava festas na redação dizendo que o IG seria rapidamente o número um da imprensa brasileira. Que em pouco tempo o "Último Segundo", jornal eletrônico do portal, estaria à frente da *Folha de S.Paulo* na liderança do mercado editorial do país. Fato que ainda pode acontecer, mas que parece muito mais distante de ser concretizado.

Esse efeito devastador da internet brasileira ainda poderá ter consequências duradouras para as próximas gerações de jornalistas. E não há efeito mais difícil de remover do que o da falta de referência. Ou da falta de critério, da falta de cuidado com a informação. Isso ainda persiste em grande parte das empresas ligadas à internet. Vale a velocidade, mais do que o critério jornalístico. Vale, portanto, todo cuidado do mundo ao jovem jornalista convidado a fazer parte de uma dessas aventuras.

OS ESPORTES NA TV

Quantas vezes você já se irritou com os gritos ensandecidos de Galvão Bueno? A irritação vale para os jogos da Seleção Brasileira, vale também para partidas domésticas entre os principais clubes do país. Em 1998, o técnico do Palmeiras na época, Luiz Felipe Scolari, chegou ao auge da irritação. Depois de uma partida do Campeonato Brasileiro, Felipão afirmou em alto e bom som que Galvão Bueno narrava os gols do Palmeiras em tom infinitamente inferior ao que cantava os gols dos rivais palmeirenses. Em especial, os gols do Corinthians. A observação de Luiz Felipe foi irresponsável, tanto que no jogo seguinte, no Parque Antártica, Galvão Bueno só conseguiu deixar o estádio às três horas da manhã, quase quatro horas depois do final do jogo. Mas tocou fundo os corações palmeirenses.

Como os torcedores do Palmeiras, os do Fluminense podem sentir-se diminuídos com um gol narrado em tom teoricamente mais brando do que o cantado para o Flamengo. Idem os vascaínos, botafoguenses, cruzeirenses em relação ao Atlético, gremistas em relação ao Internacional.

Poderia ser essa a grande discussão envolvendo a apresentação dos jogos de futebol na televisão brasileira.

O debate real implica o que é jornalismo e o que é show. A TV Globo tem os direitos exclusivos de transmissão do Campeonato Brasileiro desde 1995. Os direitos tiveram valorização em 1997. Os clubes pensaram que iriam aumentar seus dividendos com o dinheiro da TV, mas não criaram campeonato suficientemente lucrativo para que a televisão deles precisasse. Ao contrário, hoje são os clubes que dependem da televisão.

E televisão, leia-se Globo. A emissora transmite os jogos como show. Quase nada anda errado. Quase não se nota que o estádio, cenário do evento, anda às moscas. Não se fala do gramado, do nível técnico, de nada. Tudo é absolutamente lindo. Muitas vezes se dá exatamente o oposto nas emissoras concorrentes. Tudo é péssimo, o que também não é verdade. Parte do show está lá. O brilho individual dos jogadores, as disputas táticas entre os técnicos, os gritos da torcida – quando ela existe. Tudo isso está lá. Assim como estão o mau estado do gramado, o erro do árbitro, a atuação bizarra de um jogador. Todos os elementos para construir uma boa matéria jornalística estão ali, à disposição das câmeras, dos locutores, comentaristas e repórteres. É só usar o microfone e salientar o que há de bom, mostrar o que há de ruim. Nenhuma matéria está assim tão escancarada diante do jornalista quanto o evento esportivo. E, no entanto, é a matéria jornalística o que menos aparece em transmissão. Tudo o que importa, afinal, é o show dos locutores e repórteres.

É fácil malhar Galvão Bueno. Dono de uma das vozes mais marcantes entre os locutores brasileiros, ele é tecnicamente perfeito. E, se irrita, irrita mais pela superexposição do que pelos supostos erros que comete. Ele está lá para levar o torcedor ao delírio. O comentarista e o repórter é que têm obrigação de analisar friamente o que está ali, na cara do espectador.

O show dura uma hora e meia. Hoje, duas vezes por semana. Já foi diferente. No final dos anos 1980, quando a Globo não julgava indispensável transmitir futebol, as TVs Record e Bandeirantes brigavam pela liderança de audiência no esporte. A Bandeirantes até se intitulou "O Canal do Esporte" e transmitiu jogos com exclusividade em campeonatos brasileiros de 1986 a 1993. Não todos, mas vários jogos – e alguns torneios – nem tiveram acompanhamento da TV Globo. Mesmo assim, no dia seguinte, o "Globo Esporte" apresentava os melhores momentos, os lances geniais, o que havia de bom ou ruim. Em suma, fazia jornalismo.

A compra dos direitos de transmissão dos jogos hoje em dia se faz por valores infinitamente maiores do que os daquela época. Os maiores clubes do país recebem cerca de 200 milhões de reais por direitos de transmissão de todos os torneios – Campeonato Brasileiro, Libertadores, estaduais, regionais e Copa do Brasil. A inflação começou com o exemplo inglês. Desde a criação da Premier League – a liga inglesa que passou a organizar o futebol local –, os clubes da Inglaterra já receberam 2,4 bilhões de reais. Os valores daqui nunca chegarão aos de lá por motivo simples: a economia daqui não chega aos pés da de lá.

Logo, as TVs jamais venderão cotas de patrocínio altas como as inglesas. E não poderão repassar aos clubes quantias tão astronômicas. Mesmo assim, a inflação do mercado parece ter dado à maior emissora de TV do país a sensação de que, se comprou, o campeonato é dela. E se é dela, não deve ser desvalorizado.

Engano completo. Se comprou é porque parecia bom o suficiente como produto. E se for desvalorizado será exclusivamente porque deixou de ser tudo aquilo que se imaginava. O que pode significar que o negócio não vale mais tanto assim na renovação. O fato é que só há duas maneiras de perceber quão bom continua sendo o produto. A primeira é o índice de audiência. O futebol ora bate os programas do mesmo horário, ora não. Depende fundamentalmente da qualidade do jogo exibido. A segunda é a amostra puramente jornalística, que as transmissões podem ajudar a fazer, desde que sejam produzidas com interesse informativo, não comercial.

O que não exclui o grito de gol astronômico de Galvão Bueno. Nem valoriza a opinião de Juca Kfouri, que julga o grito de gol supérfluo em transmissão esportiva. Para ele, o simples fato de afirmar que houve o gol já seria suficiente para chamar a atenção do espectador, que não é burro, afinal. O torcedor comum não pensa assim. Prefere mesmo o grito de gol tradicional. Mas que poderia vir acompanhado de análise crítica do que está se passando dentro do campo. Mais do que isso, o show produzido depois das compras de direitos não pode acabar com o jornalismo das outras emissoras.

Nos tempos em que não pagava somas absurdas de dólares para transmitir seus campeonatos, a Globo mostrava imagens feitas dentro dos estádios por seus próprios repórteres. Em julho de 2002, a TV Alterosa, de Minas Gerais, enviou duas equipes para as sedes da Copa dos Campeões, torneio que dá uma vaga na Copa Libertadores e é disputado nas cidades de Belém, Fortaleza, Teresina e Natal. Surpreendentemente para os diretores da emissora, afiliada do SBT, a Globo alegou que tinha os direitos e que, por isso, nenhuma outra poderia entrar no estádio, nem sequer para produzir material jornalístico. A direção da Alterosa decidiu processar a TV Globo. Mas não teve direito de receber nem mesmo imagens dos gols do torneio.

No mesmo campeonato, a Globo decidiu ceder os melhores momentos de todas as partidas para as emissoras de TV do Norte e Nordeste, onde a Copa dos Campeões estava sendo disputada. A única condição: não repassar para as matrizes no Rio e em São Paulo.

Com isso, só dois canais do eixo Rio-São Paulo têm direito de divulgar gols e momentos dos jogos do Brasil, enquanto a Globo não tiver boa vontade: a própria Globo e o SporTV, canal a cabo ligado ao grupo de Roberto Marinho.

Que a Globo comprou os direitos e que isso lhe dá direito exclusivo de mostrar as partidas na íntegra, não há dúvida. A questão é tolher o jornalismo, castrar o direito à informação do resto dos espectadores exclusivamente por ter feito opção de compra dos direitos de transmissão do evento. E mais: saber se tem o direito de comprar um torneio e limitar-se a mostrar gols e melhores momentos em vez de transmitir os jogos na íntegra, como acontece sempre que um clube de fora do eixo

Rio-São Paulo consegue sucesso na Copa Libertadores da América. O torneio de caráter continental é apresentado com toda a pompa usual da TV Globo. Mas, quando um clube sem tanto apelo comercial chega às finais, sua torcida fica privada de assistir aos jogos.

A Globo escolhe os jogos que compra e decide se quer ou não transmiti-los. Mas ela tem esse direito? É possível que alguém diga sim, a Globo tem os direitos do torneio e isso faz dela dona inquestionável de tudo o que envolver a competição. O que a mim parece absurdo pode parecer plausível a outro. O que não se questiona é que esses princípios podem ter qualquer denominação, menos jornalismo.

Em 1998, a TV Globo comprou os direitos de transmissão da Copa do Mundo por inacreditáveis 220 milhões de dólares. Pagou o preço para não correr o risco de ser ultrapassada por concorrente brasileira. E deu munição ao grupo alemão Kirch, que iniciou assim uma luta para triplicar os preços dos direitos de transmissão do mundial.

Durante a Copa de 2002, os globais cediam apenas noventa segundos de imagem para as emissoras que não tinham direito de transmissão. E se reservava fazê-lo depois da exibição do "Globo Esporte", seu programa diário de informação esportiva que vai ao ar às 12h40. Os direitos de exibição para aquelas receptoras também terminavam 24 horas depois da cessão das imagens. O que vale dizer que ninguém mais poderá mostrar lances do Mundial 2002 pelo resto dos dias, a menos que alguma alma global caridosa tenha a percepção de que a memória coletiva do pentacampeonato estará comprometida.

Não, isso tudo não faz parte do repertório de jornalistas, que têm como missão informar ao maior número de pessoas o que se passa em situações de interesse geral. Como quem dita as normas nem sempre é o jornalista – e muitas vezes, mesmo sendo jornalista, é alguém que já perdeu de vista onde termina o negócio e onde começa o interesse coletivo –, fica difícil distinguir quem mostra o evento hoje em dia: algum divulgador ou algum parceiro do proprietário do evento. Alguém que, como parceiro, impede simplesmente que as informações menos favoráveis cheguem ao ouvido do receptor e o transforme cada dia mais em ser passivo, incapaz de avaliar o que anda bem e o que anda mal diante de seus olhos. Mesmo que isso esteja claro e perceptível, apenas alguns centímetros à frente, na tela do televisor.

TV ABERTA *VERSUS* TV FECHADA

A discussão sobre onde termina o show e começa o jornalismo, no entanto, não existe na Globo. Também não existe discussão sobre concorrência. Nesse caso, o que vale é a lógica de que quem tem mais dinheiro pode sufocar as demais emissoras.

Todos os dias os telefones disparam nas redações de televisão de São Paulo. O caso é mais forte na capital paulista porque aí se concentram as principais emissoras de TV do país, exceto a maior delas – a Globo tem sede no Rio. Os telefones pululam de uma a outra emissora, especialmente nos dias seguintes aos jogos. Por tradição, quem tem direitos de transmissão cede os gols para os programas jornalísticos dos demais. Foi também assim enquanto a Record detinha os direitos de transmissão nos anos 1970. Era também desse jeito enquanto a Bandeirantes se intitulava "O Canal do Esporte", nos anos 1980. Mudou um pouco de figura nos últimos anos.

Com o monopólio global, a emissora carioca procura sempre liberar as imagens mais importantes depois de seu programa jornalístico "Globo Esporte". Mas isso nunca inibiu as demais emissoras. Uma rede de contatos espalhada pelas principais transmissoras em cada estado permite a geração de imagens, muitas vezes oferecidas pela própria TV Globo.

Assim, quando menos a Globo imagina, as imagens de gols chegam às emissoras paulistas. Muitas vezes porque emissoras afiliadas à Bandeirantes, à Record e ao SBT produzem imagens diretamente nos estádios. Tudo perfeito, de acordo com o credenciamento que cada uma faz no início do ano. A afiliada da Bandeirantes entra num clássico em Salvador, por exemplo. Grava imagens, não as coloca no ar, mas coleta material suficiente para produzir noventa segundos dos melhores momentos, como manda o bom senso jornalístico. Essa mesma afiliada costuma gerar imagens para quem não tem equipe neste ou naquele ponto do país. E o esquema de troca permite que todos divulguem informações sobre o que há de mais importante no Brasil.

De tempos para cá, a TV Globo tem tentado mudar um pouco o quadro. Primeiro, proíbe qualquer profissional de tv que não pertença ao quadro da emissora carioca de entrar nos estádios. O segundo passo é dizer que só libera as imagens de gols, por exemplo, depois do "Globo Esporte".

Morte à concorrência, que não pode sequer usar o velho esquema de troca de imagens de eventos que são úteis para todos os lados. O problema é mais sério para as emissoras a cabo, em que o dinheiro não sobra como em outros canais.

A história das televisões por assinatura no Brasil começou em 1991, quando a Globosat e a tva colocaram suas programações no ar. Na concorrência, o grupo Globo saiu claramente na frente por um único detalhe: *know-how*. Cada funcionário do grupo tinha no currículo a experiência global que datava de 1965. Tudo documentado, com a nova programação cuidadosamente detalhada, a tva começou fazendo uma opção tecnológica errada. E enquanto a Globosat cabeava os grandes centros, para permitir maior alcance com mais qualidade, a tva tentava conseguir adesões por assinatura, com miniantenas parabólicas.

O primeiro reflexo disso na programação esportiva foi apenas o número de assinantes. O SporTV, criado em 1992, contou rapidamente com quantidade muito maior deles do que o tva Esportes, fundado em 1993. Com mais assinaturas havia mais chance de conseguir patrocinadores. Mas o que determinou de vez o caminho dos dois canais foi um contrato para transmissão dos principais jogos do futebol brasileiro por três anos, assinado em 1994 pela tva Esportes e pelo Clube dos Treze, a entidade que reúne os principais clubes do país.

Na mesma época, a Globosat assinou contrato com a cbf, a entidade que comanda o campeonato. A rigor, os dois contratos poderiam ter validade jurídica. E a briga tomou conta dos bastidores no início da história das transmissões em televisão fechada. Em 1994, a tva Esportes ainda transmitiu os jogos do Campeonato Brasileiro. Do início ao fim, nos jogos menos e mais importantes, lá estava o microfone da empresa. A partir de 1995, justamente quando a emissora mudou seu nome para ESPN Brasil graças a uma sociedade firmada entre o grupo Disney – proprietário da marca ESPN no mundo – e o Grupo Abril – dono da TVA –, a história mudou de figura.

Os dirigentes da Globo proibiam a entrada da ESPN nos jogos do Campeonato Brasileiro. A ESPN tentava entrar respaldada por liminares conquistadas de última hora. Entrava, transmitia os jogos, mas na segunda-feira seguinte perdia novamente os direitos. O jeito, então, foi tentar um acordo, no qual a SporTV saiu no lucro. A empresa do grupo Globo ficou com o direito de transmitir os principais jogos das rodadas dos campeonatos brasileiros. Para a ESPN ficaram os jogos dos times de menor expressão. Enquanto o SporTV transmitia um jogo entre Corinthians e Flamengo, a ESPN podia apenas mostrar uma partida entre Goiás e Paraná Clube.

Parecia o caos completo, a derrota inevitável. Mas o pior viria com o fim do contrato. A renovação com o canal do grupo Globo efetuou-se naturalmente. E o Campeonato Brasileiro saiu de vez da tela da ESPN Brasil. Como consolo, a emissora continua exibindo jogos dos campeonatos estaduais, especialmente do Rio e de São Paulo.

Nada, no entanto, que fizesse o canal esmorecer. A maneira encontrada para manter as atividades em grande estilo foi investir em jornalismo. Em 1998, a ESPN ganhou o Prêmio APCA, oferecido pela Associação Paulista dos Críticos de Arte, pela cobertura da Copa do Mundo de 1998, quando pôde transmitir o evento. Em 2002 não transmitiu, mas conseguiu boa repercussão fazendo jornalismo na cobertura da Copa do Mundo.

O investimento em jornalismo diminuiu sensivelmente o dinheiro que seria gasto com a compra de direitos de transmissão. Mas foi mais um agravante na questão dos anunciantes. Sem jogos importantes para mostrar no segundo semestre, quando começa o Campeonato Brasileiro, mais difícil será conseguir patrocinadores fortes para o canal.

O problema da ESPN Brasil foi pequeno diante da perspectiva que se criou com a entrada no ar do canal PSN. Surgido no final de 1999, entrou no ar em fevereiro de 2000. Tinha a dificuldade extra de cobrar 3 reais além da conta do pacote tradicional. Se para assistir ao SporTV era preciso comprar o pacote básico da Globosat, para ver o PSN seria necessário adquirir o pacote avançado e ainda pagar mais 3 reais. Mesmo assim, era canal essencial para quem gosta de esportes pela quantidade de eventos que transmitia. O PSN comprou os direitos de transmissão da Copa Libertadores e exibiu praticamente todos os jogos, ao vivo e em videoteipe. Transmitia cinco jogos do Campeonato Italiano todos os domingos. Os jogos dos campeonatos de basquete eram transmitidos pela NBA. Todo campeonato cujos direitos eram adquiridos era imediatamente inflacionado.

O canal nasceu de parceria entre a milionária Traffic – agência de marketing esportivo do ex-jornalista José Hawilla – e do fundo de investimentos americano Hicks, Muse, Tate & Furst. Dinheiro era o que não faltava. Especialmente nos primeiros tempos, quando a expectativa era fazer cada campeonato adquirido valer milhões de dólares e gerar milhares de assinaturas.

Não gerou, e, para piorar, o dólar explodiu no mercado latino-americano. O primeiro ano da empresa foi uma festa. Bons profissionais foram contratados e se mudaram cheios de esperança para Miami, sede da emissora. Profissionais qualificados como Téo José, que deixou a rádio Jovem Pan de São Paulo e o canal SBT, no Brasil; o repórter Antônio Pétrin, alçado à condição de comentarista; e gente do mercado editorial como Juarez Araújo, que por mais de vinte anos se dedicava à cobertura do basquete brasileiro nas páginas da *Gazeta Esportiva*.

Juarez transferiu-se para Miami para ser narrador e comentarista de basquete da PSN. Deixou para trás a estabilidade no emprego. Viajou para um período de três meses de experiência, gostou do que viu, sentiu segurança e julgou que valia a pena investir mais tempo nessa história. Mudou-se para Miami com família e tudo.

Nem todos os profissionais eram assim tão qualificados. Quando entrou no ar, a equipe de narradores e comentaristas era sofrível. Mas foi melhorando com o passar dos meses, com reforços para o primeiro time. Os experientes Osmar de Oliveira e Mauro Bering também entraram no barco. Mas o segundo time continuou tendo locutores e comentaristas fracos.

Em uma das transmissões internacionais, no amistoso França e Inglaterra, o jogador francês Henry foi chamado com pronúncia inglesa durante toda a partida. O que faria qualquer francês corar de raiva passava com toda naturalidade. Mas era imprescindível assistir às transmissões. Não pelos erros inesquecíveis. Mas pela qualidade dos eventos.

A história começou a mudar de lado em meados de 2001. O dinheiro começou a rarear, os salários passaram a atrasar. Alguns dos pagamentos parcelados no início da história do canal começaram a ser efetuados justamente no momento em que a economia do Brasil e da Argentina, base do canal, passava por sérias crises. No final de 2001, o grupo de investimento que mantinha o canal começou a negociar a entrada de novos sócios. Não conseguiu reforços. Aos poucos, procurou compradores e entrou em acordo com a Fox americana. O mês de dezembro foi trágico: apenas reprises de jogos transmitidos durante o ano.

Os profissionais que se transferiram para os Estados Unidos no início de 2000 começaram a voltar para o Brasil, sem receber salários, sem perspectivas de ter suas contas quitadas. Tiveram de entrar com processos trabalhistas para receber o que lhes era de direito. A emissora saiu do ar em janeiro de 2002, um mês antes de completar dois anos de vida. Foi o maior fiasco da curta história da televisão por assinatura no Brasil.

Os eventos antes divulgados pela PSN ficaram sem dono. E muita gente começou a tentar negociá-los a preço bem menor do que o mercado contemplava meses antes. O Campeonato Italiano só não saiu do ar completamente na televisão brasileira porque a RAI, emissora italiana transmitida pela Globosat e pela TVA, continuou podendo mostrar os jogos. Mas ficou um clima de orfandade para quem podia assistir aos canais brasileiros desde o final dos anos 1980.

Até hoje, a televisão por assinatura não explodiu no Brasil. Ainda há um número pequeno de assinantes. No total, eles não passam da casa dos 3,5 milhões em todo o país. Não vale nem lembrar que há 170 milhões de habitantes no Brasil.

A RELAÇÃO COM A FONTE

Não é fácil conviver com jogadores de futebol. O contato mais fácil é sempre no centro de treinamento. Na saída do treino, há um comportamento típico dos jogadores com as emissoras de TV. Solícitos, sorriem, dão espaço, brincam diante das câmeras. Mas nem todos são assim. Alguns não sorriem diante das câmeras e mantêm a mesma atitude diante de qualquer repórter.

Parte dos jogadores, que tem como principais exemplos os atacantes Müller e Viola, "fecha o tempo" quando a entrevista é para a imprensa escrita. Há alguns motivos para isso. Um deles é a área de atrito. Frequentemente, quando uma declaração mais forte vira título de matéria, o jogador tira o corpo fora. Não disse, não foi bem assim, não foi isso o que queria insinuar.

Outras vezes, é a fome do furo que leva repórteres a mudar um pouco o teor de uma entrevista. Não por má-fé. Uma simples palavrinha, no entanto, pode alterar todo o significado de uma frase.

Não é raro ver jogadores indignados com alguma dose de razão. Outros, nem tanto. No início do ano 2000, uma manchete malfeita pelo diário *Lance!* criou mal-estar entre o repórter Maurício Oliveira e o meia Zinho, na época no Palmeiras. A matéria era perfeita. Dizia que Zinho estava ressentido com a diretoria do clube, que não demonstrava muito interesse na renovação de seu contrato. A manchete usava recurso pouco ético. Tirava as aspas e usava uma frase em primeira pessoa: Palmeiras não me quer. Tecnicamente, não era Zinho quem dizia aquilo. Mas nas bancas a sensação era que sim.

Dois anos antes, um problema semelhante envolveu o goleiro Rogério Ceni. Em entrevista também ao *Lance!*, o goleiro declarava estar no grupo dos melhores goleiros do país. Não dizia com todas as letras que era o melhor, mas um deles. E a manchete, também sem as aspas: Eu sou o melhor. Rogério Ceni, este sim, criou um grande problema com a direção do jornal. Ameaçou processar o diário e só não o fez porque o diário cumpriu a promessa de publicar uma carta de retratação no mesmo espaço dedicado à matéria do dia anterior. O comprometimento nesse caso foi para o jornal. Mas também para o repórter, que queimou o pequeno relacionamento que já havia conseguido manter com sua fonte.

O relacionamento é sempre difícil. Às vezes, muito difícil. Em 2001, a revista *Placar* publicou um *box* de uma matéria sobre a Seleção Brasileira, alfinetando dois jornalistas do *Jornal da Tarde* a respeito do relacionamento que manteriam com o ex-treinador nacional Wanderley Luxemburgo. A insinuação era de que a dupla publicaria matérias deliberadamente convenientes para o treinador. O que não era verdade, mas poderia ser, dado o relacionamento pessoal que se criou entre o treinador e os jornalistas de diversos veículos de comunicação.

Em 1999 acompanhei como repórter o Palmeiras na disputa do Mundial Interclubes, contra o Manchester United. Por três anos acompanhei o trabalho do Palmeiras dirigido por Luiz Felipe Scolari. Na véspera do embarque, fiz matéria com Felipão, assistindo a todos os gols marcados pelo Manchester United na temporada anterior à classificação para a final do torneio.

Todo esse tempo, todo esse trabalho somado a uma semana de convívio diário no Japão, levou Felipão a terminar a permanência no país declarando amizade eterna ao repórter. Grande diferença em relação aos dias em que o mesmo repórter passava esperando outros profissionais do futebol que não davam a mínima a cada vez que era preciso fazer entrevista mais longa. Mas é também uma enorme faca de dois gumes.

Amizade pressupõe respeito ao trabalho alheio. Significa, por exemplo, que Felipão jamais poderia reclamar de uma nota ou de um comentário mais cruel sobre seu trabalho. De uma informação exclusiva que eventualmente prejudicasse o andamento de sua equipe. Por outro lado, ele podia interpretar que o respeito ao trabalho alheio incluiria certos benefícios, que os repórteres sem nenhuma ligação com o técnico não precisariam ter. O relacionamento pessoal nunca foi adiante porque os destinos não se cruzaram. Mas Felipão nunca perdeu a chance de apontar sua insatisfação com algum comentário mais severo feito pelo comentarista de quem um dia foi amigo.

Amizade não combina com jornalismo. Por outro lado, ajuda muito a conseguir informações de cocheira antes dos demais colegas. Duro é separar as duas coisas. Muitos jornalistas não conseguem separar amizade de relacionamento profissional. Não é raro ouvi-los elogiar jogadores por conta apenas da amizade. Era o que se notava no relacionamento entre um comentarista paulista e o jogador Dinho, do Grêmio, sempre elogiado quando jogava no São Paulo. E quando ia a São Paulo já jogando pelo Grêmio. Também não era raro ouvir o comentarista criticar o goleiro Ronaldo, com quem não se dava: "Se posso não elogiar, não elogio. E quando ele der uma chance para uma crítica, aí eu desço o cacete mesmo. Se o cara não me respeita, não serei eu a respeitá-lo", admitia.

Não tem nada a ver com jornalismo. Nada a ver com opinião isenta. Mas isso acontece. E com frequência maior do que se imagina. É o dilema a que chega o jornalista depois de certo tempo. Manter fontes boas, seguras e confiáveis requer relacionamento intenso com elas. Exige ligações e investimento constantes em conversas sobre diversos assuntos. Assim, uma informação pipoca aqui, outra, acolá. O que permite à fonte imaginar que pode levar alguma vantagem na história. Não pode. Especialmente em cenário tão propício à retribuição de favor. Basta uma nota um pouco mais alta numa avaliação de jogo de futebol e o jogador já estampará enorme sorriso, que certamente não fará parte do repertório do leitor se ele um dia souber o que estava por trás.

O melhor a fazer é trabalhar. Manter o contato com a fonte sempre que houver oportunidade. Questionar, perguntar, indagar sobre o que for possível. Tentar sempre conseguir informações em primeira mão. Mas sempre deixando claro que não se trata de troca de favores. Que as vantagens não serão oferecidas no relacionamento profissional.

Que nunca uma notícia será paga com um favor que use as páginas do jornal ou os microfones.

No dia em que usar procedimento diferente, o repórter estará morto. No Rio de Janeiro, um grupo chamado "Trem da Alegria" acompanha todas as viagens da Seleção Brasileira. Não trabalha na grande imprensa. Mas participa das rodas dos dirigentes da CBF, bebe da fonte com viagens. Na maior parte das vezes, nem recebe as boas informações. É o caminho natural da queda vertiginosa de quem se esquece de que o segredo da profissão é o respeito a seu maior compromisso: a isenção.

O FURO

Experimente fazer este exercício. Acorde de manhã, pegue seu jornal na porta de casa e deixe-o de lado. Em seguida, leve sua vida habitual. Pegue o carro, ligue o rádio, chegue ao trabalho, converse com os amigos. Digamos que seja o dia da contratação de Romário pelo Flamengo. Se você não leu sobre isso em nenhum jornal, vai certamente saber detalhes sobre o negócio em conversa com um amigo, em comentário no rádio a caminho da empresa. Imagine que a informação seja exclusiva.

Na sexta-feira, 12 de julho de 2002, só dois jornais saíram com a informação de que o Flamengo estava interessado na contratação do atacante Sávio, formado na Gávea, e que deixara o clube em 1998 para jogar pelo Real Madrid. Se você não leu o noticiário desses dois jornais, provavelmente ficou sabendo da notícia do mesmo jeito. No rádio do seu carro, pelo colega de trabalho ou por alguém que leu na internet a informação e certamente buzinou no ouvido do flamenguista menos atento o nome de quem o Flamengo estava disposto a contratar. Claro, não informou a fonte.

Isso, a rigor, é o menos importante. Não vale saber quem divulgou a informação em primeiro lugar. Vale, sim, quem deu a notícia com mais detalhes, com maior riqueza. Não que o leitor se dê conta disso.

Ele pouco sabe quem foi o repórter e mesmo se a informação estava apenas no seu jornal.

O furo perdeu um pouco do velho sentido jornalístico. Perdeu? Nenhum repórter pode viver sem procurar informação exclusiva. É próprio da profissão procurar o que ninguém ainda conseguiu. Manter o contato com a melhor fonte, conversar com o maior número possível de pessoas ligadas ao que parece estar prestes a acontecer. Não importa se o leitor se dará conta da qualidade do repórter. O editor vai saber que pode contar com aquele profissional para as melhores pautas. E que ele sempre poderá trazer notícia em primeira mão. Quando der o furo, o repórter vai comemorar. E a redação, também. Mas, a rigor, há pouco a festejar.

Dar furo desse tipo, essencialmente noticioso, é como fazer gol em campeonato que ninguém vê. Como ser artilheiro do Campeonato Estadual do Piauí. O jogador vai comemorar. A torcida do time dele vai saber todos os detalhes a respeito do craque. E isso não vai representar rigorosamente nada para ele.

Uma sequência de grandes informações exclusivas é mais importante, mas extremamente difícil. O furo depende de fonte e não há repórter que consiga fontes em dez lugares diferentes ao mesmo tempo. E não há dez informações exclusivas disponíveis na mesma semana, no mesmo lugar. Mas há um tipo de informação exclusiva que as rádios, as televisões e a internet não irão repercutir. Aquela informação que não é noticiosa, mas que resulta do esforço de imaginação da redação.

No dia do lançamento de seu primeiro caderno especial sobre Copa do Mundo, a *Folha de S.Paulo* publicou um infográfico com o volume de chuva previsto para o período da Copa do Mundo. A matéria detalhava todas as Copas do Mundo com os respectivos centímetros de chuva de cada uma. Um levantamento brilhante do repórter Paulo Cobos, que mereceu a primeira página do caderno de esportes da *Folha* com a manchete: "Vai chover!".

A matéria se comprovou verdadeira no dia em que Polônia e Portugal entraram em campo durante o mundial. Era dia 10 de junho e havia vinte dias que a *Folha* a estampara na primeira página do seu caderno esportivo. Portugal e Polônia entraram em campo com previsão de chuva, mas com tempo aparentemente seco. Parecia cair uma leve garoa até o momento em que desabou o temporal no meio do primeiro tempo.

Três dias depois, na cidade de Oita, no Japão, a equipe da Globo transmitia a partida dos estúdios. O que só ficou claro quando chegou a informação de que a chuva estava caindo na cidade. Em minutos, o comentarista de arbitragem Arnaldo Cezar Coelho resolveu fazer graça: "Ainda bem que o estádio é todo coberto!", disse, frisando a palavra *todo*.

Demorou menos de cinco minutos para o temporal desabar sobre o estádio de Oita e criar imenso constrangimento entre o comentarista Walter Casagrande Junior e o locutor Galvão Bueno, que tentava consertar o que dissera Arnaldo. Quem leu o caderno de esportes da *Folha* no início da cobertura do mundial lembrou-se na hora do episódio.

É muito mais fácil associar uma boa matéria ao jornal que a publicou do que descobrir que um veículo de comunicação foi o único a divulgar esta ou aquela notícia. Isso quem sabe é geralmente o pauteiro do jornal. Uma de suas funções é avaliar a concorrência e dizer o que foi exclusivo e de qual jornal partiu a exclusividade. Informação desnecessária para quem quer apenas obter informação.

É difícil, no entanto, convencer as redações de que o papel dos jornais mudou nas últimas décadas. Todo dia alguém diz, em redação, que é preciso investir no diferencial. Todo dia alguém reclama das informações que saíram em tal jornal, mas não no seu próprio diário. Informações, muitas vezes, de importância duvidosa: um treino, uma ou outra mudança no time que irá jogar. Coisas que interessam ao torcedor, mas que não são notícia.

Nas principais redações, os projetos editoriais preveem o diferencial. Na *Folha de S.Paulo* há sempre essa discussão. Quando o *Lance!* nasceu, o melhor exemplo que se dava aos jornalistas mais jovens era: uma nota de colunão do nosso diário deve ser alto de página em outro jornal. Evidentemente isso não se cumpriu. Por alguns motivos.

Primeiro: há grande resistência de jornalistas mais antigos a entender que o jornal mudou. A alegação em parte se justifica. Uma boa ideia pode render uma capa e livrar o editor da angústia de ser refém da notícia – especialmente nos dias em que essa notícia parece não existir. Mas é sempre necessário ter bom senso e manter na cabeça a ideia de que, muitas vezes, o que se fala na rua é o que deve estar estampado no jornal do dia seguinte.

É esse tipo de pensamento que justifica a manchete "O time" estar nas bancas 24 horas depois do anúncio da equipe. Ou, como aconteceu no dia 13 de junho de 2002, durante a Copa do Mundo. A *Folha de S.Paulo* exibiu um título de alto de página salientando que Ricardinho era o escolhido para substituir Ronaldinho Gaúcho, poupado pelo técnico Luiz Felipe na partida contra a Costa Rica. Quando a notícia chegou às bancas, prejudicada pelo fuso horário japonês, era Edílson quem treinava entre os titulares e Ricardinho quem vestia o colete dos reservas.

O tempo consome a informação muito mais rápido do que no passado, o que transforma o que é notícia no início da tarde em algo sem importância na manhã seguinte. Mas os jornais são escritos à tarde, ainda sob o impacto criado durante o próprio dia e sem noção de como será o dia seguinte.

É o dilema que há anos prejudica as revistas semanais. *Veja* fecha sempre às sextas-feiras e reza para que nada aconteça antes que a revista chegue às bancas no final da tarde de sábado. Como esse é um dia de pouco movimento no mercado, a chance de uma catástrofe editorial com *Veja* se dilui.

Não era o que acontecia com *Placar* nos tempos da revista semanal. No período curto em que voltou a ser publicada uma vez por semana, em 2001, a revista era fechada às quartas-feiras e chegava às bancas às sextas. Pelo menos três vezes ela foi publicada com erros históricos.

Um deles, em matéria sobre o atacante Müller. Um perfil que falava sobre a afinidade entre ele e o técnico Wanderley Luxemburgo e salientava que o atacante permaneceria no Parque São Jorge enquanto o treinador ali estivesse. A matéria era baseada em fatos. Indicava todos os momentos em que a dupla viveu junto, desde o primeiro encontro, no Palmeiras, em 1995. E mostrava como Luxemburgo confiava em Müller. Matéria perfeita para revista semanal. Exceto por um detalhe: na quinta-feira, entre o fechamento da revista e a chegada do primeiro exemplar às bancas, a direção do Corinthians se reuniu para rescindir o contrato do jogador. Müller foi dispensado, a contragosto de Luxemburgo. Ele não se sentia mais útil ao time e pediu que lhe permitissem ir embora. Quem abriu a revista na sexta-feira levou um choque.

O fuso horário japonês quase transformou a adrenalina em busca da notícia diária em exercício de evitar um vexame por dia, nos jornais brasileiros. Como no episódio da troca de Ricardinho por Edílson no banco de reservas, no jogo contra a Costa Rica.

A velocidade da informação ainda não provoca dificuldades desse tipo no dia a dia do noticiário. Ainda assim, é imprescindível mudar o olhar das redações e tornar os jornais cada dia mais parecidos com revistas diárias.

Não importa saber que Romário vai jogar no Flamengo. É preciso entender os detalhes. Não importa nem que as regras do jornalismo americano prevejam que a notícia terá duração cada vez mais curta. Mesmo ligeira, ela tem de ser detalhada. Caso contrário, é muito mais confortável ler título de matéria na internet ou ligar o rádio para saber as últimas novidades.

Não basta notícia bem analisada. É preciso pauta inteligente. Este é o maior desafio: criar matérias com olhar da própria redação, com diferencial, que deixem claro que só podem ser publicadas por aquela redação, como a que produziu o título "Vai chover!" no primeiro caderno de esportes da *Folha de S.Paulo* da cobertura da Copa de 2002.

Criar a pauta inteligente uma vez não é o problema. A dificuldade consiste em convencer as redações de que esse é esforço definitivo. Que deve ser feito todos os dias, para que se leve a melhor sobre os noticiaristas de plantão, que julgam ser mais importante dar a notícia, mesmo que o leitor já tenha tomado conhecimento dela na véspera. Mesmo que ele vire a página sem sequer perceber que o dinheiro gasto no jornal, de manhã, foi extremamente mal-aplicado. Mas não basta vencer os noticiaristas. É preciso disciplina para pensar na melhor pauta todos os dias. Para buscar um ângulo diferente para enxergar diariamente o mesmo fato. Geralmente a notícia vence pelo cansaço. A boa pauta aparece num dia e desaparece no outro, sem ninguém notar. Porque exige esforço cotidiano até dos profissionais mais criativos.

A boa pauta não vai servir necessariamente para amarrar o repórter. Se ele é setorista de um grande clube, vai ter uma ideia para fugir do noticiário e não passar o vexame de deixar escapar uma das frases mais estúpidas da vida cotidiana de repórter esportivo. Enquanto um grande time de São Paulo treina, um grupo de repórteres se amontoa na linha lateral. Parte deles se concentra na observação do treino. Outra, conversa alegremente, conta piadas, fala dos mais diversos assuntos. É comum. Tanto um grupo quanto o outro é capaz de, nos minutos finais do treinamento, dizer a frase lapidar: "Puxa, não tem nada aqui hoje!".

Mentira deslavada. Não há lugar, ainda mais em um grande clube brasileiro, em que não haja notícia. O repórter em questão é que não está conseguindo enxergá-la pela cultura do fato imediato. Vale declaração bombástica, entrada mais forte de reserva em titular, discussão. Qualquer coisa que sirva para criar polêmica. Uma pista pode indicar o jeito de jogar da equipe no dia seguinte. A maneira de trabalhar de um integrante da comissão técnica pode servir para contar uma história.

A pauta detalhada na véspera evita esse tipo de constrangimento. E não tolhe a liberdade do repórter de construir qualquer outra matéria, até mesmo a tradicional, formulada com base em uma frase de efeito de um dos craques do time.

Pauta é a ideia que pode ou não ser executada. O grande risco é virar escravo dela. Risco maior é virar escravo do dia, sem nenhuma ideia da qual se servir quando a notícia não aparece. Conseguir boas ideias todos os dias é fugir da oposição dos que julgam o jornalismo atividade que não muda, mesmo que os veículos sejam hoje diferentes do que eram há vinte anos. Exige criatividade e disciplina.

O ideal é você começar a pensar na primeira página do dia seguinte assim que chega ao jornal, na véspera. Não faz mal nenhum chegar à redação com uma manchete na cabeça. Os tradicionalistas dirão: mas ainda não aconteceu nada. Que sorte! Como muita coisa ainda vai acontecer, provavelmente sua ideia vai se desfazer assim que o primeiro fato relevante inspirar manchete. Ou não. Porque você terá sempre a opção de escolher se é melhor sua ideia ou o fato em questão. Não vale teimosia. Nem de um lado, nem de outro. Vale sempre a capacidade de avaliação do editor. A manchete será analisada em reunião no início do fechamento, por volta do meio-dia. Esse encontro poderá prever tudo o que o dia irá oferecer e imaginar o que pode ser a manchete da edição seguinte.

Para não ser ultrapassado pelos fatos, é fundamental nova reunião por volta das 19 horas, no caso dos jornais que podem ser fechados às 21 horas. Ou mais cedo, para os jornais que fecham por volta das 19 horas – no passado, os jornais encerravam suas edições em dias sem jogos até meia-noite, mas hoje isso só ocorre nos dias com partidas. Nessa última reunião, o que o dia tiver proporcionado poderá superar a pauta. Ou, na pior das hipóteses, a boa ideia da véspera poderá ter valido manchete com destaque nas bancas do dia seguinte.

Sem contar que as reuniões produzirão ideias para os próximos dias, mesmo que não tenham esse objetivo. E com boas ideias a chance de o jornal chamar a atenção no dia a dia será muito maior do que a dependência pura e simples do furo de reportagem, pelo qual todo jornalista sempre lutará em todos os momentos da sua vida. Em síntese: o furo de reportagem continua sendo o objetivo de todo repórter. Mas não pode ser o foco da redação, sob pena de perder o trem da história.

A PAUTA

A manchete do diário *Lance!* no dia seguinte à divulgação do time titular da Seleção Brasileira para a estreia contra a Colômbia foi simbólica: "O time". O Brasil estava na Malásia, mais de 10 horas na frente do horário brasileiro. Na hora do almoço do dia anterior, todas as emissoras de rádio e de TV já haviam anunciado com pompa o time que o técnico Luiz Felipe pretendia escalar uma semana mais tarde contra a Turquia: Marcos, Edmílson, Lúcio e Roque Júnior; Cafu, Émerson, Juninho Paulista e Roberto Carlos; Ronaldinho Gaúcho, Ronaldo e Rivaldo. Quando o jornal chegou às bancas, a manchete já não era mais notícia.

O fenômeno é comum a todas as áreas do jornalismo. Pacote econômico divulgado por ministro da Fazenda ao meio-dia já não é notícia na manhã seguinte. Em poucos setores isso é tão claro quanto no esporte. No Rio de Janeiro, três grandes rádios enchem os ouvintes de informações de esporte dia e noite. Em São Paulo, são outras quatro grandes redes de rádio com programas na hora do almoço e no final da tarde, com todas as informações sobre o esporte no país.

Rádios, jornais e emissoras de televisão dividem há décadas a atenção do público, ávido por informações sobre esportes. Funciona assim na política, na economia, em variedades. A informação impressa, porém, tem peso diferente na imprensa esportiva e nos demais meios de comunicação.

No início do ano 2000, a direção da Editora Abril encomendou uma pesquisa sobre a revista *Placar*. O projeto editorial não previa que a publicação pudesse atingir público de baixo poder aquisitivo e igual nível cultural. Tratava-se de revista até com certo requinte. No entanto, o resultado da pesquisa apontou um dado surpreendente: apenas 20% dos leitores fiéis da revista tinham computador em casa. A maior parte desse público provinha das camadas C e D da população.

No mesmo período, pesquisas apontavam o predomínio das classes A e B entre os leitores de revistas como *Veja*, *Exame* e *Playboy*. Essa é a informação que preocupa qualquer um que torce pelo sucesso de uma publicação esportiva. Nem tanto pelo conteúdo daquelas revistas. *Placar* também tinha qualidade, fazia boas matérias, apostava na confiabilidade da informação. E atingia público de baixo poder aquisitivo.

O mesmo vale para o *Lance!*, a *Gazeta Esportiva* e o *Jornal dos Sports*. O *Lance!*, por exemplo, sempre apostou na qualidade da informação, na diferenciação de suas pautas, no diário que pretende "fazer esportes como você nunca viu", segundo o próprio *slogan* da empresa. Mas as pesquisas indicam também que o público cativo do diário é predominantemente das camadas mais baixas da população.

A informação bate diretamente no mercado publicitário e, claro, implica diminuição substancial do volume de anunciantes em veículos desse tipo. O resultado é a dificuldade histórica para incluir páginas de anunciantes fortes em edições esportivas. Quanto menos anúncios, menos dinheiro, menos condição de investir, maior o risco de fracasso cada vez que novo projeto editorial aposta na contratação de profissionais altamente qualificados.

Não seria então o caso de investir em projeto editorial voltado para as camadas mais baixas da população, como estratégia de aumentar as vendas em banca e permitir assim que os investimentos cresçam? A resposta definitiva à pergunta é não!

A história recente das publicações esportivas mostra isso de forma clara. A começar pela *Gazeta Esportiva*, histórico diário esportivo paulista, que circulou com desenvoltura nos anos 1960 e 1970. *Gazeta* chegou a ter números extremamente expressivos, era uma espécie de leitura obrigatória para quem se interessasse por esportes. Vendia em uma época em que a procura por informações esportivas se dava, sobretudo, pela leitura de jornais. Conseguia sucesso sem apelar para o aspecto mais popular da notícia nem para manchetes sensacionalistas, nem para as histórias mais pitorescas.

A partir do início dos anos 1980, as manchetes ganharam tom apimentado. O apreço pelo público mais popular caía na mesma medida em que caíam as vendas. Durante bom período, a *Gazeta Esportiva* conseguiu manter-se com os anúncios classificados, especialmente às segundas-feiras. À medida que mesmo esse filão deixou de existir, o jornal passou a ter os dias contados, até o seu desaparecimento das bancas. Desde novembro de 2001, a *Gazeta Esportiva* mantém suas atividades apenas na internet.

No final dos anos 1980, *Placar* também tentou dar uma guinada para o público popular. Em setembro de 1988, como resultado de as vendas da revista terem se estagnado desde 1985, a direção da Editora Abril decidiu apostar em projeto popular. Criou até um nome especial para o relançamento da revista: *Placar Mais!*

O *slogan* do novo formato apostava nas vantagens que o leitor teria. Mais tamanho – a revista passava a circular em formato de tabloide –, mais matérias – as reportagens seriam menores e em maior quantidade –, menor preço. *Placar* apostava claramente nas vendas. Que rapidamente começaram a cair. As piadas não demoraram a aparecer. Em abril de 1990, o fotógrafo Sílvio Porto encontrou, no gramado do Morumbi, um antigo leitor da revista, orgulhoso de estar em contato com um dos profissionais que faziam aquele já decadente veículo. Sem pestanejar, Sílvio acabou com a ilusão dele: "Então é você o nosso leitor".

Três meses depois, o presidente do Grupo Abril, Roberto Civita, travou o seguinte diálogo sobre o futuro da publicação, na abertura de uma reunião com o diretor de *Placar*, Juca Kfouri:

– Você acha que é missão da Editora Abril manter uma revista de esportes?

– Não, foi a resposta definitiva de Kfouri.

A aposta no segmento popular foi talvez o maior erro da revista, que viu suas vendas caírem até os quarenta mil exemplares semanais, herança das edições temáticas que a fizeram renascer entre 1994 e 1997.

Se apostar em qualidade editorial custa aos veículos da imprensa esportiva um público leitor das camadas mais baixas da população, apostar no direcionamento para essas camadas mais populares significa tiro no pé. Como aconteceu nos casos de *Placar* e *Gazeta Esportiva*.

Eis aí a grande contradição. Porque são justamente as camadas mais baixas as que produzem índices de audiência ainda aceitáveis em emissoras de rádio com programação dedicada ao esporte. Programações que não rivalizem com os jornais que chegam às bancas no dia seguinte. Mas que exigem manchetes mais reflexivas e menos voltadas apenas para o fato que, a rigor, já se conhece na véspera.

É possível que a queda de 30% das vendas do *Lance!* no período da Copa do Mundo tenha começado justamente no dia da manchete "O time". Em que pese o exagero, ela pode ter dado no início da cobertura o tom do que seria a Copa do Mundo do ponto de vista dos jornais: uma coleção de notícias já veiculadas nas emissoras de rádio, na TV e na internet.

Quanto mais alto for o grau de reflexão que a matéria oferecer, e quanto maior for sua capacidade de atrair tanto o leitor que já tem conhecimento das notícias do esporte como o que ainda não o tem, mais elevado será o nível de elaboração dos jornais esportivos. Para realizar esse tipo de noticiário, maior também deverá ser a capacidade de investimento das empresas da imprensa esportiva.

OS CADERNOS DE ESPORTE – E DE POLÍTICA

Escândalo nunca faltou no esporte brasileiro. E não é de hoje. Em 1972, o primeiro presidente de grande clube do futebol brasileiro foi deposto. Tratava-se de Miguel Martinez, substituído por Vicente Matheus. A acusação para a deposição do dirigente era improbidade administrativa.

A mesma denúncia com que foi deposto o flamenguista Edmundo dos Santos Silva, em julho de 2002. No intervalo de trinta anos dos dois casos de cassação, uma série de escândalos atormentou o esporte brasileiro. Especialmente o futebol.

Em 1977, o presidente do Palmeiras, Jordão Bruno Sacomani, foi afastado do cargo, acusado de produzir desfalque monstruoso nas contas do clube. Eram mais de dois milhões de reais, em valores da época. Não havia má-fé. Sacomani tirou dinheiro do clube para tentar saldar dívidas de suas empresas privadas. A intenção era devolvê-lo assim que os negócios andassem bem. Como não andaram, a negociata veio à tona antes da reposição dos dólares ao clube. Sacomani deixou o Palmeiras para entrar na história com o curioso apelido de *Sacô-money.* Ele devolveu todo o dinheiro, mas virou lenda no esporte brasileiro.

Nos anos 1980 e 1990, Joaquim Mamede produziu uma série de escândalos na condução da Confederação Brasileira de Judô. Em 1990, no exercício da presidência da Federação Paulista de Futebol, Eduardo José Farah foi acusado de comandar um esquema de evasão de renda dos jogos do futebol paulista. O esquema, segundo apuração da repórter Kátia Perin, consistia na montagem de uma gráfica que a federação utilizava para confeccionar ingressos falsos. Os bilhetes que saíam da gráfica eram postos num saco e guardados no departamento de arrecadação dos estádios. Se 120 mil bilhetes tivessem sido colocados à venda e cem mil vendidos para um clássico Palmeiras e Corinthians, por exemplo, vinte mil ingressos falsos seriam inseridos junto com os outros vinte mil que haviam sobrado. A impressão era de que haviam restado quarenta mil. Logo, o público divulgado seria de oitenta mil pessoas, em vez de cem mil. E os dirigentes poderiam ficar com o preço equivalente aos vinte mil ingressos falsos inseridos no lote dos que haviam sobrado de verdade.

Escândalo é o que não falta. O que aumentou o interesse das redações de jornal nas matérias a respeito do outro lado do esporte. Um lado que não emociona, que não faz vibrar, que não provoca delírios de torcedores. Ao contrário. Matérias desse tipo existem há décadas. No início de 1971, preocupada com a má administração do Santos, que estava em vias de perder Pelé e não tinha recursos financeiros que permitissem supor um futuro à altura do que o time havia construído, *Placar* decidiu fazer uma matéria. Um repórter disfarçou-se de empresário e propôs à direção santista a compra de todo o time do Santos. O clube, que se jactava de nunca ter admitido vender Pelé, o maior jogador de sua história, aceitou negociar o time inteiro de uma tacada só.

Esses assuntos são áridos, não agradam todos os leitores – nem todos os jornalistas. Mas há os que se especializam nessas histórias. Foi o caso do editor-sênior da revista *Lance! A+*, Marcelo Damato, físico e jornalista. Ele fez uma grande matéria sobre um escândalo que envolveu o acesso do Botafogo de Ribeirão Preto ao Campeonato Paulista de 1995. A reportagem foi construída por meio de fitas de um árbitro chamado Wílson Roberto Catani, que recebeu dinheiro para ajudar o Botafogo (SP) na sua campanha de acesso.

Foi um marco na vida de Marcelo Damato. E do caderno de esportes da *Folha de S.Paulo*. O jornal nunca foi muito afeito às matérias de esporte. Até pela falta de cultura esportiva de seu diretor, Octávio Frias Filho, o jornal sempre preferiu atirar-se na boa cobertura política, nas colunas e num caderno de prestígio como a "Ilustrada". O esporte vinha em segundo plano.

Assim continuou, mas a cobertura do lado político do esporte deu prestígio e permitiu ao editor de seu caderno tornar-se o mais longevo dos editores da *Folha*: Melquíades Filho.

O caderno de esportes da *Folha de S.Paulo* não era, por tradição, um dos mais lidos do jornal. Ao contrário. Antes do Projeto Folha, inaugurado por Matinas Suzuki Jr. e Octávio Frias Filho em 1983, as segundas-feiras eram marcadas pela ausência do *Estadão* – o jornal só começou a ser publicado às segundas em 1991. Mas o caderno de esportes mais lido em São Paulo nesse tempo era o do *Jornal da Tarde*.

A *Folha* não tinha penetração, não era respeitada como um dos principais cadernos de esporte do país. Depois de 1983, continuou não sendo. Mas a partir daí, virou contradição. Se a *Folha* se tornava dia após dia o jornal mais importante do país, por que não conseguia consolidar um bom caderno de esportes? A resposta estava lá mesmo, nas entranhas do edifício-sede da empresa, no centro de São Paulo. Uma vez que Octávio Frias não gostava de esporte e Matinas Suzuki estava mais interessado em investir nos cadernos que emprestavam prestígio ao jornal, os esportes ficavam sempre relegados a segundo plano. Os editores iam mudando e nada indicava que a respeitabilidade aumentaria. Uma das estratégias da *Folha* foi colocar o Datafolha a serviço do esporte, como acontece até hoje. O resultado sempre foi discutível. As estatísticas podiam servir para indicar com perfeição vários aspectos dos esportes olímpicos. Mas não conquistaram a credibilidade do público de futebol.

Em 1994, o volante Dunga, do Brasil, aparecia como o melhor passador da Copa do Mundo. O que indicava alguns problemas: a) a denominação *passador* não faz parte do vocabulário de quem acompanha futebol e b) Dunga sempre mostrou qualidade nos passes curtos, o que tira representatividade de seu trabalho no meio de campo.

A *Folha* firmou-se em definitivo no jornalismo esportivo quando passou a preocupar-se mais com a cobertura do aspecto político do esporte do que propriamente com o que acontece dentro dos campos e das quadras. Aos poucos, o jornal se tornou indispensável. O que não significa que tenha se tornado caderno querido de quem gosta de esportes. Ao contrário, continua sendo tratado como jornal que despreza a paixão, e vive muito mais da razão.

Mas essa estratégia tem servido muito bem para cativar os leitores de outras áreas do jornal. E fundamentalmente transformado os formadores de opinião em leitores vorazes desse caderno.

A *Folha* ainda não tem caderno de esportes exatamente forte. Tem, sim, o melhor e único caderno de política do esporte do mundo. O que jamais servirá para um diário 100% dedicado aos esportes, como o *Lance!*. Serve, no entanto, de exemplo para outros cadernos de esporte. Não que todos devam ter a estratégia de cobrir mais a política do que o esporte. Ao contrário. Mas cada um precisa tornar-se indispensável de algum ponto de vista.

Enquanto o *Lance!*, o *Jornal dos Sports* e o *Diário de S. Paulo* são essenciais pela cobertura de todos os detalhes do esporte, e a *Folha* se distingue pela cobertura política, alguns jornais como os cariocas *O Globo* e o *Jornal do Brasil* não conseguem achar o caminho.

O mesmo acontece com *O Estado de S. Paulo*. A notícia conhecida do público desde a véspera, muitas vezes, é destacada como manchete. É um erro. Melhor avançar para o que o leitor não sabe. Se você quiser saber o que acontece com seu time, poderá escolher entre os citados anteriormente. Se preferir uma boa cobertura dos esportes olímpicos, deverá optar pelo *Diário de S. Paulo* ou pelo *Jornal da Tarde*. Se quiser saber de política do esporte, a *Folha* estará na frente.

O Estado não se diferencia por absolutamente nada. Faz cobertura burocrática, com equívocos de pauta que o deixam sempre um passo atrás da concorrência. Fruto de uma série de equívocos cometidos nos últimos anos, como envelhecer a redação e não formatar plano editorial claro.

É também o caso do *Jornal da Tarde*. Durante anos, esse foi o melhor exemplo de cobertura esportiva. Não era à toa que *O Estado de S. Paulo* nunca fez força para sair às segundas-feiras, mesmo enquanto perdia terreno para a *Folha*. O *Jornal da Tarde* era imbatível. Mesmo no início dos anos 1980, quando não tinha a mesma penetração do início de sua história, as segundas-feiras do final da década de 1980 eram geniais. O *Jornal da Tarde* de Roberto Avallone, Vital Battaglia e Sérgio Baklanos trazia tudo. Os vestiários, a tática, as avaliações de cada jogador, os detalhes do jogo, os momentos que antecederam e sucederam a partida. E ainda os desenhos dos gols, para quem não os tivesse visto na véspera. Para quem gostava de futebol era leitura fundamental. A receita serve ainda hoje para os jornais especializados. E pode também ser uma das maneiras de os cadernos esportivos se diferenciarem.

O único problema? O horário de fechamento que estrangula a qualidade, especialmente nos jogos de meio de semana. Mas que não inviabiliza uma grande cobertura, especialmente para os cadernos de segunda-feira, dia seguinte às rodadas.

O HORÁRIO DE FECHAMENTO

O histórico repórter Dinoel Marcos de Abreu costuma lembrar-se com saudades dos tempos em que o *Jornal da Tarde* arrasava em vendas às segundas-feiras. Tempo em que cobria também com imensa qualidade as rodadas de meio de semana do esporte brasileiro. Dinoel acompanhava os jogos no estádio. Um clássico de meio de semana entre Corinthians e São Paulo, por exemplo, como o que aconteceu pelo Campeonato Paulista de 1979, com vitória corintiana de 2 a l.

Terminado o jogo, Dinoel descia para os vestiários, falava com vários jogadores, fazia as entrevistas necessárias e corria do Morumbi ao bairro do Limão, onde está sediada a redação do jornal. Tarde da noite, não levava nem vinte minutos. Chegava, sentava-se à frente da máquina de escrever e rapidamente dedilhava a grande reportagem que chegaria às bancas na manhã seguinte. O jornal podia ter fechado o primeiro clichê, mas podia esperar pelo que, afinal, era sua matéria-prima: a informação.

O mesmo repórter Dinoel Marcos de Abreu trabalha no início do século XXI em *O Estado de S. Paulo*. Boa parte de sua rotina de hoje se passa na Academia de Futebol, o centro de treinamento do Palmeiras. Da redação do *Estadão* ao local dos treinamentos do Palmeiras o carro não leva mais do que cinco minutos no meio do trânsito de fim de tarde da capital paulista. Os vinte minutos que separavam o Morumbi do bairro do Limão no fim de noite dos anos 1970 são os mesmos que Dinoel leva para percorrer a pé os mil metros que separam a academia da redação.

Dinoel costuma chegar ao Palmeiras para os treinos da tarde com um computador na bolsa. Faz a maior parte das entrevistas antes de o treino começar, deixa o time no campo e corre para a sala de imprensa do centro de treinamento. Aí permanece uma hora pelo menos, enquanto o time segue sua atividade no campo. E observa, quando possível, a movimentação dos jogadores.

A matéria escrita é enviada por modem à redação de *O Estado de S. Paulo*. E só então volta a atenção para o treino, para saber se alguma coisa desmente o que acabou de escrever.

Nos dias de jogos e, especialmente à noite, a situação é muito pior. Parte dos repórteres leva computadores para a sala de imprensa do estádio. Assistem ao primeiro tempo dos jogos sem pressa, anotando tudo, observando os detalhes possíveis de um jogo de futebol – a lógica vale também para os outros esportes. No segundo tempo, tiram o computador da bolsa e começam a escrever sem parar, alguns sem mesmo olhar para o campo.

No *Estadão*, uma simples crônica do jogo resolve a cobertura. Há redações em que as coisas nem assim funcionam. No *Lance!*, na maioria dos casos, uma dupla de repórteres vai para o estádio tentar cobertura maior. Levam celulares e se comunicam a todo instante com outra dupla, a que produz o texto na redação. Essa segunda dupla assiste à partida na televisão, evidentemente sem a visão ideal do jogo. E é responsável por uma crônica descrevendo a atuação dos dois times, apresentando a ficha do jogo e editando uma série de pequenas retrancas que dão muito trabalho e às vezes deixam marcas para o leitor e o jornalista.

Melhor quando deixam a tarefa de escrever para o jornalista. Pessoalmente, lembro-me de um jogo das quartas de final do Campeonato Brasileiro de 1998. Eu, na condição de redator, fui escalado para ficar na redação redigindo todo o material do jogo. Ou melhor, redigindo a crônica do jogo. O Palmeiras precisava do empate. O Cruzeiro tinha de vencer e jogava fora de casa, no Parque Antártica. O Palmeiras saiu perdendo por 2 a 0 no primeiro tempo. Na redação, no intervalo do jogo, seria o momento de sair escrevendo a maior parte da crônica. A melhor maneira também de poder continuar assistindo ao jogo na segunda etapa e aperfeiçoar a leitura da partida.

Como havia a possibilidade de o Palmeiras mudar o jogo, já que era favorito, a opção foi deixar o tempo passar e começar a escrever apenas aos dez minutos do segundo tempo. O Palmeiras diminuiu o ritmo, mas, como o jogo continuava igual, comecei a escrever aos dez minutos do segundo tempo.

Aos 17, Paulo Nunes empatou a partida para o Palmeiras. Pronto: tudo estava resolvido. Bastava contar a história, mostrar a emoção do Palmeiras e construir o texto do começo ao fim. Ao mesmo tempo, é claro, descrever a ficha do jogo (veja a seguir).

O ponto final foi colocado aos 42 minutos do segundo tempo. Tudo perfeito. Até o atacante Müller, do Cruzeiro, carregar a bola para o lado esquerdo, dar corre no lateral Arce e cruzar. Fábio Júnior ajeitou a bola na entrada da pequena área e virou: gol do Cruzeiro.

26 de novembro de 1998

PALMEIRAS 2 x CRUZEIRO 3

Local: Parque Antártica (São Paulo)

Juiz: Sidrack Marinho (SE)

Renda: não divulgada

Público: 28.317

Gols: Marcelo Ramos 31 e 33 do primeiro; Almir 3, Paulo Nunes 17, Fábio Júnior 42 do segundo

Cartão amarelo: Agnaldo, Galeano, Gustavo, Marcelo Djian, Wilson Gottardo, Gilberto

Expulsão: Arce, Rogério, Valdo

PALMEIRAS: Velloso, Arce, Agnaldo, Cléber e Júnior; Galeano (Roque Júnior, 7 do segundo), Rogério, Zinho e Alex (Almir, intervalo); Paulo Nunes (Tiago, 30 do segundo) e Oséas.
Técnico: Luiz Felipe

CRUZEIRO: Paulo César, Gustavo (Ronaldo, 27 do segundo), Marcelo Djian, Wilson Gottardo e Gilberto; Marcos Paulo (Caio, 23 do segundo), Djair, Valdo e Müller; Marcelo Ramos (Alex Alves, 23 do segundo) e Fábio Júnior.
Técnico: Levir Culpi

O combinado era liberar a crônica para a leitura do editor assim que o árbitro Sidrack Marinho dos Santos apitasse o final da partida. Ela chegou cinco minutos depois, graças à velocidade com que o autor do texto conseguia escrever. O lide foi mudado, saiu da felicidade palmeirense para a tristeza, contou como havia sido o gol cruzeirense e ponto. O resto da crônica ficou na descrição da partida, sem nenhum brilho.

E, claro, o leitor que pegou o relato do jogo no dia seguinte não teria a menor vontade de ler o texto se tivesse assistido à partida na véspera. Trauma irrecuperável. Não para o leitor, mas para o diário, que arriscou perder um de seus fiéis colaboradores, que ficou insatisfeito com o nível da cobertura.

Tudo isso por questão industrial. Se a *Folha* precisa fechar seu primeiro clichê às 19 horas para chegar ao Brasil inteiro e ter condições de concorrer com os diários de cada região, tem também de encerrar sua atividade no máximo à meia-noite nos dias de jogos. Então, o material tem de ser fechado rapidamente.

No caso do *Lance!*, o agravante é que a distribuição depende dos concorrentes *O Estado de S. Paulo* e a *Folha*, que desde 2001 têm uma única empresa distribuidora. Logo, o fechamento do *Lance!* fica atrelado ao horário de fechamento das duas potências paulistas. No caso da edição carioca do *Lance!*, o fechamento está atrelado ao de *O Globo*. No fundo, quem acaba pagando o pato é o leitor.

E o repórter, que muitas vezes fica com fama de não conhecer futebol. Uma nota mal dada a um jogador é motivo suficiente para um leitor ligar para a redação no dia seguinte questionando, às vezes, a capacidade do redator. Isso, claro, no caso dos leitores mais atentos e dos jornais com público mais fiel.

O pior é que um minuto de atraso editorial pode comprometer a venda de alguns milhares de exemplares nas bancas no dia seguinte. Mas a pergunta é: como escrever sobre a atuação dos jogadores, a crônica do jogo e ao mesmo tempo assistir corretamente à partida? Impossível! Por essas e outras é que Dinoel Marcos de Abreu morre de saudades dos tempos em que deixava o Morumbi para a redação do *Jornal da Tarde* para só aí começar a escrever seus textos. Os leitores daquele tempo se lembram disso até hoje com muitas saudades.

CAPÍTULO IV

Estudo de caso

O *LANCE!* E OS DIÁRIOS ESPORTIVOS

O empresário Walter de Mattos Junior tinha 34 anos quando deixou o jornal *O Dia*, no Rio de Janeiro, em momento ímpar da economia brasileira. Tudo parecia ir bem. Os jornais tinham circulação estável nos dois primeiros anos do Plano Real. Mas não era a situação nacional o que animava o jovem empresário.

Meses antes, ainda em 1996, uma rápida olhada no cenário internacional fez Walter decidir dar um passeio pelo mundo. Queria conhecer o fenômeno dos diários esportivos. Alguns eram antigos, como *La Gazzetta dello Sport*, da Itália, fundado em 1927. Vendia na época 500 mil exemplares por dia. Um fenômeno.

Às segundas-feiras, era impossível passear por grandes cidades, como Milão, sem observar todo o tipo de gente carregando um volume cor-de-rosa – característico do diário – debaixo do braço. No início da década de 1930, *La Gazzetta dello Sport* foi responsável pela criação do *Jornal dos Sports* no Rio de Janeiro. Agora, em 1996, podia ser uma das formadoras de outro diário esportivo no Brasil.

A ideia de Walter de Mattos Junior, no entanto, não era copiar um jornal como aquele. Pesado, repleto de textos longos e ainda atingindo público de meia-idade – o que acompanha o esporte todos os dias na Itália. Walter queria modelos novos, como os que havia descoberto em rápida pesquisa ainda no Brasil.

De Milão, Walter foi a Madri, o passo mais importante da viagem. Na Espanha, no início dos anos 1990, o mais antigo jornal de esportes sofreu reestruturação. Tratava-se de um tabloide, espécie de diário oficial dos esportes nos tempos em que o general Franco ditava as regras da vida espanhola. Diário que, de tão caracterizado como jornal oficial da ditadura, não vendia mais do que poucos mil exemplares até ser comprado por um grupo editorial espanhol no início dos anos 1990.

O *Marca*, como era chamado, deixou de ser diário comum. Em 1996 vendia 450 mil exemplares por dia. A receita não era nada simples. O chassi era produzido em Madri, na sede. Mas havia rotativas em outras quatro cidades espanholas: Barcelona, Valência, Sevilha e La Coruña. O jornal tinha conteúdo específico para cada praça. Uma capa especialmente produzida para cada situação.

Em 1994, jogaram Sevilla e Barcelona, num sábado à noite, em Sevilha. O Barcelona contava com o brasileiro Romário, artilheiro do torneio, e o clube era líder do Campeonato Espanhol. O Sevilla tinha o argentino Simeone, provocador nato. Naquela noite, logo depois de uma cobrança de falta, Romário aproveitou a confusão na área e disparou um soco violentíssimo no rosto do volante argentino. Foi expulso.

O Barcelona empatou por 0 x 0 e perdeu a liderança para o La Coruña. No dia seguinte, a manchete do *Marca* dizia em oito letras o que mais havia sido dito na Espanha naquela noite: "puñetazo!" O soco bem dado era o fato do dia em toda a Espanha? Não, porque no dia seguinte o Real Madrid jogaria. E a manchete na capital tinha de ser outra.

Assim era a vida no *Marca*, o que parecia explicar como um jornal de Madri, antes vinculado à ditadura, havia conseguido sair de míseros exemplares para tornar-se o segundo diário mais vendido da Espanha.

Walter de Mattos estava convencido: os diários esportivos seriam fenômeno também no Brasil.

Sua viagem não se resumiu à Espanha e à Itália. O empresário passou pela França para conhecer o mais famoso dos jornais de esporte do mundo: o *L'Equipe*. Passou por Portugal e conheceu o reformulado *A Bola*. Envelhecido, o jornal havia abandonado o formato *standard* e se transformado em tabloide. Dura experiência, especialmente em um país conservador como Portugal. Deu certo e *A Bola* se tornou o mais vendido dos diários de esporte portugueses num tempo em que o surgimento de outros jornais esportivos mostrava como era imprescindível ao povo de lá ler sobre esportes – especialmente o futebol.

Walter interessou-se particularmente por exemplo bem mais próximo: o *Olé*, criado um ano antes na Argentina. Sim, porque uma coisa era observar exemplos de países de economia estável, bom nível cultural e altos índices de leitura. Outra coisa, como funciona um país de economia difícil de administrar, como a Argentina.

Pois por lá a experiência ia bem, obrigado. O *Olé* foi criado em 1996 como braço esportivo do diário *Clarín*, o mais importante jornal argentino. Virou sucesso, passou a vender perto de quatrocentos mil exemplares por dia, sempre demonstrando paixão pelo clube vitorioso. Walter não tinha mais dúvida: criar um diário esportivo no Brasil seria tiro certo. Sucesso absoluto.

Assim que voltou para o Brasil, o empresário começou a procurar parceiros e a divulgar o novo produto que estava por vir. Em maio de 1997, seis meses antes de o diário ir à banca, o *Meio e Mensagem* divulgou: "Vem aí o novo jornal de esportes. O grupo é carioca, mas terá uma edição em São Paulo e outra no Rio. Já tem até nome: *Olé*, como o argentino que também se chama assim."

O nome não era esse. A ideia, sim. Um diário esportivo, sem compromisso com nada que fosse velho, com olhar mais aberto, vinculado a novas ideias, pronto para atingir público muito específico: o que gosta de esportes, sobretudo futebol. A ideia estava pronta no início de 1997.

REVISTA PARA REVISTEIROS

Um ano e meio antes da notícia veiculada no *Meio e Mensagem*, a Editora Abril decidiu revigorar um de seus mais antigos projetos. *Placar* não era revista que pudesse ser incluída na lista dos sucessos editoriais da empresa. Havia sido criada em 1970, meses antes da conquista do tricampeonato mundial no México. Viveu bons momentos logo depois do título, mas meses depois já estava ameaçada de extinção.

Uma ameaça apaziguada pela estratégia de um novo diretor de redação, Mílton Coelho da Graça, que aproveitou o lançamento de nova loteria, a esportiva, e criou um bolão que alavancou as vendas da revista. Toda edição trazia palpites sugerindo as melhores escolhas para acertar os 13 pontos nos testes da loteria.

Movida pelo bolão, *Placar* chegou a vender 250 mil exemplares em 1972, com uma capa que incluía apenas jogadores do Palmeiras: Leivinha, Luís Pereira, Leão e Ademir da Guia. A manchete: "As novas bossas do Palmeiras".

Impossível dizer se a manchete foi o motivo do recorde de vendas. Mais correto seria analisar o conteúdo. *Placar* passou por fases diversas, esteve várias vezes às portas do encerramento de suas atividades, até chegar ao ano de 1990. Depois do fiasco do mundial da Itália, a *Folha de S.Paulo* divulgou na segunda página de seu caderno de esportes: "Abril fecha *Placar* e lança *Ação*".

O medo de perder título tão forte produzia arrepios à Editora Abril. Juca Kfouri, diretor de redação da revista, sabia bem disso e desejava continuar com o título vivo, pelo menos para efeito de manutenção da marca. Em outubro de 1990 foi lançada uma edição especial toda dedicada ao aniversário de cinquenta anos de Pelé. Em dezembro, uma edição-pôster comemorando o primeiro título brasileiro do Corinthians chegou às bancas. Em janeiro de 1991, a tradicional edição dos campeões, que reunia os vencedores dos campeonatos estaduais de todo o país e que era publicada desde 1980, chegou às bancas com editorial de Juca Kfouri: "A partir desse número, *Placar* chegará às bancas mensalmente, sempre com uma edição dedicada a um tema".

A experiência durou quatro anos e reuniu jornalistas importantes, como Sérgio F. Martins, autor da matéria mais forte da história da revista. Sérgio, em 1982, desvendou a falcatrua de um grupo de jogadores, técnicos e dirigentes que arranjava resultados para os testes da Loteria Esportiva. A matéria virou capa da revista com o título "Desvendamos a máfia da Loteria Esportiva".

A reportagem ganhou prêmios, virou manchete do *Jornal Nacional*. A Loteria Esportiva nunca mais encantou um único apostador. E *Placar*, que renasceu em 1972 graças ao bolão, agora liquidava com a Loteria Esportiva.

Além de Sérgio, havia um grupo de jovens jornalistas como Celso Unzelte, que anos mais tarde escreveria o *Almanaque do Timão*, livro todo dedicado à história do Corinthians. Eu também integrava o grupo. *Placar* vendia pouco mais de quarenta mil exemplares quando iniciou a trajetória das edições mensais. Três anos depois venderia perto de duzentos mil exemplares do *Guia da Copa do Mundo de 1994*.

A experiência, somada ao título mundial conquistado nos Estados Unidos e ao lucro de quinhentos mil dólares produzido pela cobertura, abriu os olhos da direção da empresa. Era preciso investir em novo produto. Completamente diferente, voltado para um público jovem, que não tivesse vícios. Que fosse bonita. Uma revista, na acepção da palavra. De periodicidade mensal e público que sonhasse com uma grande revista de esportes. Público nem tão específico: que fosse jovem, adolescente, e gostasse de esportes e de outras coisas, como sexo e rock.

A ideia estava pronta no fim de 1994.

O PROCESSO *LANCE!*

Walter de Mattos Junior entrou na sala de conferências de um hotel em Itapecerica da Serra, na Grande São Paulo, no dia 1º de agosto de 1997. À sua frente, estava reunido pela primeira vez o time de jornalistas do *Lance!*. Gente de experiência reconhecida, como Lédio Carmona, veterano de duas Copas do Mundo por *Placar* e pelo *Jornal do Brasil*; Leão Serva, diretor de redação na *Folha de S.Paulo* e no *Jornal da Tarde*, escolhido para ser diretor de redação em São Paulo; César Seabra, editor de esportes de *O Globo*, eleito diretor de redação no Rio.

As duas redações ali estavam. Uma para trabalhar em São Paulo, no bairro do Limão, na sede. Outra para ficar sediada no centro do Rio, perto do Maracanã. Nos dois grupos, um pequeno núcleo de jornalistas experientes misturado a outro de estagiários recém-saídos da faculdade ou ainda nos bancos escolares. Uma geração talentosa que conhecia esporte e que ouviu do empresário as diretrizes do novo projeto: "Falaremos pouco de gravatas e muito de chuteiras. Homens de gravata não farão parte de nossas manchetes".

A formação da equipe teve seleção criteriosa. Testes foram aplicados aos que ainda cursavam os últimos anos de jornalismo. Um pouco de cultura geral era indispensável. Conhecer esportes e ter interesse claro pelo assunto não vinha em primeiro plano, mas era absolutamente desejável.

A intenção de formar grupos com interesse específico em esportes ajudou. A equipe era constituída de gente com conhecimentos de esportes variados como tênis, vôlei e basquete. Muitos tinham paixão pelo futebol. A primeira reunião realizou-se em 1º de agosto, em Itapecerica da Serra.

Até o lançamento, o jornal teve um período de três meses para os pilotos. As matérias eram feitas com horário de fechamento determinado para treinar quem ainda não tinha experiência em jornalismo.

Os salários eram mirrados quinhentos reais. Havia ainda a promessa de que as coisas melhorariam à medida que o diário fosse crescendo. Nada que impedisse os jovens jornalistas de oferecer seu melhor trabalho. Mesmo enquanto o jornal não chegasse às bancas.

Boas matérias ficavam expostas no mural da redação. Eram construídas ao mesmo tempo em que os jovens repórteres iam para as ruas em busca de informação. O sonho de criar um jornal esportivo de ponta crescia. Jornal? O empresário Walter de Mattos Junior fazia questão que o nome não fosse esse. Tratava-se, na sua opinião, de diário esportivo.

Para ele era fundamental marcar a diferença entre o que seria o *Lance!* e o que se passava nas redações tradicionais.

A rigor, o *Lance!* era jornal, com a diferença do formato tabloide – o que nunca tirou do gaúcho *Zero Hora*, por exemplo, a nomenclatura – e da cor em todas as páginas. Outro traço distintivo seria o editorial, desde que a redação conquistasse o sonho de dez em dez jornais do mundo: diferenciação. Deveria haver mais cuidado com a pauta, com a execução das matérias.

"O que é abre-página em outra redação deve ser nota em nosso diário", proclamava o diretor de redação, Leão Serva.

Esse cuidado aparecia em toda reunião de pauta do período experimental. Cuidado que faltou na hora de anunciar o dia da chegada do diário às bancas. O Rio de Janeiro amanheceu pintado com os cartazes do *Lance!*. Mas problemas técnicos adiaram a chegada do diário às bancas por uma semana.

Um mico! Uma falha imperdoável que poderia custar a vida a qualquer jornal que não tivesse tanta paixão envolvida. O diário chegou às bancas na semana seguinte, mas já em clima de frustração entre os que percebiam que o sonho de construir uma redação impecável ficaria nos bancos da faculdade.

Na Editora Abril, o ano de 1995 começou com festa. Tudo andava bem. Com o dólar cotado a um real, as dívidas da empresa não assustavam como em 1990, quando a direção da empresa precisou reunir seus funcionários para pedir empréstimo, no meio do Plano Collor. A editora também entrou na onda do tetracampeonato. *Placar* vendia na época 120 mil exemplares por mês, três vezes mais do que quando iniciou suas edições temáticas, em 1991.

Mas o sonho era maior. A editora sonhava transformar *Placar* em sucesso editorial tão grande quanto as maiores revistas da empresa. O objetivo: quinhentos mil exemplares. Para conseguir isso, nada de contratar meninos recém-saídos da faculdade. Chegaram à redação jornalistas conceituados, como Milton Abrucio Jr., que meses antes publicara denúncias na revista *Veja* a respeito da fortuna adquirida por Orestes Quércia durante o período em que ocupou o governo do estado de São Paulo.

Milton não era jornalista especializado em esportes. Era jornalista simplesmente. E dos grandes. Com ele, chegaram à redação Sérgio Xavier Filho, com passagens pela revista *IstoÉ* e pelo jornal *O Estado de S. Paulo,* os jovens Amauri Barnabé Segalla e Sérgio Ruiz Luz, da *Veja São Paulo.* Ninguém ganhava menos do que 3.500 reais por mês, sete vezes mais do que os meninos do *Lance!* receberiam dois anos depois.

A equipe se reuniu no dia 9 de janeiro, exatos três meses antes de a nova revista chegar às bancas. A nova *Placar* não era revista de esportes, mas de comportamento. Tratava-se da vida privada e profissional do mundo do futebol.

O problema não era esse, apesar de as vendas da revista terem sido recuperadas durante o período de três anos de edições temáticas, dedicadas exclusivamente aos momentos em que a bola rolava. A questão central era avaliar como e quanto gastar com a nova revista. A começar pelo formato. Um gigante formato *standard,* em papel *couché* de alta gramatura, 120 páginas editoriais, um caderno especial dedicado às fichas de jogos (o "Tabelão") e outro dedicado ao jornalismo investigativo. Esse caderno, chamado "Placar Urgente", durou os dois meses exatos em que a revista chegou às bancas com o diretor de redação Juca Kfouri no comando.

Em junho, Kfouri deixou a Editora Abril depois de um acordo com a cúpula da empresa. No dia seguinte, o vice-presidente Thomaz Souto Corrêa desceu, pela primeira vez em anos – talvez a primeira vez na vida –, à redação de *Placar.* Thomaz não tinha muito a ver com a revista, mas muito com jornalismo. Sua dedicação à Editora Abril datava de vários anos, com atenção especial às publicações femininas.

Uma delas chamava-lhe muito a atenção: *Capricho.* A primeira revista da Editora Abril esteve perto de fechar as portas na segunda metade dos anos 1980. No curso Abril de 1991, Roberto Civita contou a história do dia em que entrou na sala de seu pai, ainda vivo. Victor Civita ouviu o corpo diretivo da Abril, cuja intenção era fechar *Capricho.*

"Não! Essa foi a primeira revista da editora. Não vamos fechá-la. Vamos reformulá-la", decidiu.

Capricho recolocou-se no mercado e virou ícone de sucesso das revistas da Abril. Tanto sucesso transformaria a revista em quinzenal no início de 1996. Dez meses antes, o discurso de Thomaz Souto Corrêa ecoava na redação *Capricho*, mesmo quando o assunto era *Placar*. Ele achava que a revista feminina era a irmã mais velha de toda leitora. E que *Placar* deveria ser a mesma coisa. "A revista mistura tudo aquilo de que o menino gosta: futebol, sexo e rock 'n' roll, A revista deve ser o irmão mais velho do menino, assim como *Capricho* era a irmã mais velha das meninas."

Com *Placar* isso seria muito mais difícil de acontecer. No primeiro número, a nova *Placar* vendeu 240 mil exemplares. Mas a festa de lançamento promovida pela revista, no ginásio do Ibirapuera, com show de Jorge Benjor, causou prejuízo de quinhentos mil reais. Nos meses seguintes, o problema passou a ser o papel. O temor era de que não haveria papel suficiente para mais de um ano de revista. Em janeiro de 1996, a revista teve as dimensões diminuídas em 30%, com uma informação errada no editorial: "Como os leitores pediram, diminuímos o formato da revista".

O novo formato durou mais dois anos. Dos 240 mil exemplares do primeiro mês, a revista foi caindo, até chegar à casa dos 120 mil. Verdade que as assinaturas, processo que a editora havia iniciado junto com o projeto futebol, sexo e rock 'n' roll, deixava as vendas perto dos 180 mil exemplares por mês.

Mas os custos de produção de cada edição tornavam inviável a manutenção do projeto. Nos primeiros meses, o editor sênior Milton Abrucio Jr. estava em Eindhoven, na Holanda, acompanhando a rotina do ainda candidato a fenômeno Ronaldo. Ao mesmo tempo, outra equipe estava na Inglaterra. Uma produção plausível, se *Placar* tivesse, naqueles tempos, os índices de faturamento do *Jornal Nacional*, da Rede Globo.

Não tinha.

A CONVIVÊNCIA

Em janeiro de 1998, *Placar* sofreu outro baque. A editora ordenou que a revista fosse novamente reduzida de tamanho, desta vez para o formato *Veja*. Não restava nada do projeto introduzido em abril de 1995. Era também o primeiro semestre de convivência entre uma revista de tradição, fundada em 1970 e com público cativo, com um diário esportivo recém-lançado, que apostava na corrente europeia, e antecipava sucesso para qualquer tabloide colorido que tivesse uma bola de futebol na capa.

O *Lance!* tinha. Os números dos primeiros tempos indicavam subida crescente da tiragem. O diário demorou a superar a barreira dos cem mil exemplares – e não superou em seu primeiro ano. Mas as perspectivas eram animadoras e a impressão era de que a direção se dispunha a gastar o que fosse preciso para alavancá-lo.

O que era preciso para tornar o sucesso rápido e avassalador não estava, no entanto, disponível nos cofres do diário. A ideia exata disso só apareceu depois da Copa do Mundo da França, em 1998. O que se imaginava ser o ponto de partida para uma incrível subida nas vendas transformou-se em pesadelo quando se percebeu que a overdose de jogos da Copa do Mundo não serviria para alavancar o diário. Ao contrário, durante o mundial já se observava a queda vertiginosa da procura pelo *Lance!* nas bancas do Rio e de São Paulo.

O diagnóstico da direção do diário não levava em conta a qualidade da cobertura jornalística realizada na França, mas, sim, a maciça cobertura dos grandes jornais. Se a *Folha de S.Paulo*, *O Globo* e *O Estado de S. Paulo* dedicavam cadernos inteiros à cobertura da Seleção Brasileira, comprar o *Lance!* passava a ser quase irrelevante.

E comprar uma revista de circulação semanal, como passava a ser *Placar* durante a Copa do Mundo? Em 1994, valia a pena. Pelo menos foi isso o que indicou o resultado editorial da publicação, com superávit de quinhentos mil dólares. Por que, então, a cobertura redundou em completo fiasco das sete edições, mesmo saindo com qualidade de revista um dia depois de cada partida?

Os números de vendas não eram tão diferentes entre as coberturas de 1994 e 1998. A diferença básica estava na quantidade de enviados especiais. Em 1994, só dois repórteres e dois fotógrafos viajaram para os Estados Unidos. Em 1998, a operação *Placar* incluiu o envio de diagramadores, fotógrafos, repórteres e editores. Toda a revista era produzida na França e transmitida por modem para a gráfica, na Editora Abril.

Um projeto incrível, que resultou em grande corte de custos logo depois do fim do Mundial. Mais de 50% da redação teve de ser dispensada. A revista enxuta voltou rapidamente a despertar o interesse da Editora Abril. Um ano depois, já sob o comando do diretor de redação Leão Serva, que havia deixado o *Lance!*, a revista recomeçou a contratar.

Antes de chegar à Abril, Serva comandou o processo de enxugamento da redação do *Lance!*. As quedas nas vendas não pararam até outubro, quando Leão Serva anunciou ao diretor Walter de Mattos que melhor seria fazer cortes profundos na redação do que esperar pelo fim trágico de um projeto que começara apenas oito meses antes.

Em outubro, metade da redação do Rio de Janeiro deixou o diário. Em São Paulo, cidade onde a queda nas vendas não havia sido tão terrível, as demissões foram em menor número.

Com custos baixos e poucos investimentos, tanto o *Lance!* quanto a *Placar* voltaram a andar em linha reta. Janeiro de 1999 foi um mês de flores para o diário esportivo criado um ano antes. As vendas chegaram aos oitenta mil exemplares por dia e a publicação começou a projetar a chegada aos cem mil exemplares.

PÉS NO CHÃO

Nos últimos quatro anos, o *Lance!* transformou-se em sucesso editorial. Em 1º de julho de 2002, um dia após a conquista do pentacampeonato mundial, vendeu quinhentos mil exemplares: era a meta de Walter de Mattos Junior quando embarcou para a Europa disposto a entender por que diários como *Marca*, *La Gazzetta dello Sport* e *L'Equipe* tinham números tão expressivos.

Não, o *Lance!* ainda não atingiu esse ponto. Tanto isso é verdade que, antes do extraordinário número da edição do penta, *Lance!* teve suas vendas em queda durante toda a Copa. Os números médios de vendas despencaram 30%. Mas o resultado foi ótimo acumulando os trinta dias de cobertura.

A diferença básica entre o que se passava em 1998 e o que se passa agora chama-se pés no chão. Por mais que a economia do país dê sinais de que é possível investir, todo investimento em imprensa esportiva está sujeito a erros de avaliação. Em parte porque o mercado esportivo é muito mais restrito do que alguns desavisados possam imaginar. O outro motivo é que mais cedo ou mais tarde esses também entrarão na área esportiva. Alguns com ideias luminosas e rapidamente aceitas pelo mercado. Como Mílton Coelho da Graça, que, depois de salvar *Placar* em seus primeiros tempos, conseguiu dinamizar o combalido *Jornal dos Sports* na segunda metade dos anos 1990, no Rio de Janeiro. Ou Leão Serva, responsável pelo saneamento financeiro do *Lance!* e, por alguns meses, pela saúde financeira de *Placar.*

Mas o entra e sai de gente sem experiência que se verifica no mercado esportivo é o que explica a repetição seguida de erros na história dos grandes veículos da imprensa esportiva. E do constante risco de desaparecimento de vários deles.

Qual é o público-alvo? Qual é a faixa etária a ser procurada? Qual o extrato social a ser localizado? As respostas sempre foram procuradas por toda empresa disposta a criar um produto para o público esportivo. E, às vezes, foram encontradas. Não respostas de 100% de acerto no alvo. Ao contrário. As respostas geralmente são um tiro na água. Um risco fenomenal de acertar apenas em um pequeno extrato de um universo muito mais amplo. A resposta para o público-alvo de uma publicação esportiva é tão genérica quanto para a pergunta "Quem se interessa por esportes?". Ora, interessam-se por esportes jovens, velhos, pobres, ricos, homens e mulheres.

Era isso o que tinha em mente o empresário Walter de Mattos Junior quando, pela primeira vez, reuniu sua equipe para falar sobre o que pretendia para o diário *Lance!,* em 1997. Ele não esperava que a publicação atingisse os mais pobres. Nem que interessasse aos mais jovens. Ainda que as pesquisas tenham indicado que essas duas faixas eram as que prioritariamente se interessavam por diários esportivos.

A proposta era de que o *Lance!* fosse diário para ser vendido nas bancas, mais do que por assinatura. Até hoje, nos dias de grandes tiragens, o volume de exemplares de assinantes é ínfimo: três mil. Se a venda predominante se dá nas bancas de jornal, impossível é excluir este ou aquele público, firmar o foco nos jovens ou nos velhos, nos ricos ou nos pobres.

Como forma de agradar o maior número possível de leitores, o projeto editorial tentou ser ousado. Deixou de lado a ideia de que o Brasil despreza os tabloides. Seguiu o exemplo dos gaúchos, que há anos adoram jornais nesse formato. Mas seguiu particularmente a lição dos dois diários de maior sucesso editorial do início dos anos 1990: o espanhol *Marca* e o argentino *Olé*.

Com uma diferença. Se *Marca* e *Olé* tinham várias páginas em branco e preto, o *Lance!* inaugurava o que denominou cor total. Ou seja, dispunha-se a ser revista todos os dias. No formato tabloide, com cor em todas as páginas, só faltava o essencial para transformar o *Lance!* em revista de todos os dias: a pauta.

Eis a grande dificuldade. A equipe do diário sempre fora composta de jornalistas provenientes dos principais jornais do país. Mas com apenas duas pessoas com longa experiência em revista.

Mais do que isso, havia dificuldade para definir a linha editorial do diário, levando em conta as duas equipes, a paulista e a carioca. Os cariocas eram, na maioria, provenientes de *O Globo*. Os paulistas vinham de várias publicações: o *Jornal da Tarde*, a *Folha de S.Paulo*, *O Estado de S. Paulo*, o *Diário Popular*, a *Placar*. A cúpula havia sido formada na *Folha*, com visão completamente diferente da cúpula carioca.

O que representou grandes brigas nos primeiros tempos. O *Lance!* paulista sonhava acompanhar tudo o que acontecia nos esportes, dar a ficha completa de toda a rodada de todos os campeonatos. O carioca preferia apostar no diferencial. Fazer boas matérias, mas sem a profundidade que uma cobertura de revista exigiria.

O resultado foi que os exemplares paulistas pularam na frente em vendas. Nos primeiros tempos, 70% das vendas se faziam em São Paulo. Uma das explicações podia, no entanto, ser a maior concorrência dos jornais do Rio. Lá, além de *O Globo* e o *Jornal do Brasil*, *O Dia* acabara de lançar um suplemento inteiramente dedicado a esportes, o "Ataque". A direção do jornal carioca decidiu lançar o suplemento como contraofensiva ao lançamento do *Lance!*, filho justamente de um ex-vice-presidente da empresa – Walter de Mattos trabalhou anos em *O Dia*. Além disso, *O Globo* fez chegar ao mercado novo jornal, voltado exclusivamente ao público mais popular do Rio de Janeiro. Chamava-se *Extra*.

Pela maior concorrência ou não, o fato é que o *Lance!* tinha vendas cada dia mais expressivas em São Paulo, particularmente na classe C e entre os jovens. O que era previsível, embora nunca tivesse sido intenção do diário atingir mais esses públicos do que os demais. As vendas aumentaram substancialmente no fim de 1997, em dezembro. Não porque as pessoas tenham começado a notar mais a existência do diário, mas era o primeiro sinal de que as vendas seriam sazonais. Haviam chegado as finais do Campeonato Brasileiro, com dois clubes cariocas de um lado – Vasco e Flamengo disputavam a classificação para a final com Portuguesa e Juventude – e dois paulistas de outro – Palmeiras e Santos lutavam pela vaga contra Atlético Mineiro e Internacional.

Para mais sorte ainda do diário, Palmeiras e Vasco chegaram à decisão. E o primeiro recorde de vendas significativo da história do diário se registrou quando o Vasco conquistou o título, no dia 20 de dezembro de 1997: 82 mil exemplares. Não, não era número significativo a ponto de imaginar que o sucesso da publicação seria estrondoso dali por diante. Ao contrário. A ideia era chegar mais rapidamente aos cem mil exemplares. A receita para isso, claramente, não estava nem na ideia carioca de um diário esportivo, nem na fórmula paulista, mas na mistura das duas coisas.

Fórmula que o *Lance!* até hoje não conseguiu. Diário esportivo deve ser revista diária, com exercício diário de pauta, reuniões que reforcem a ideia de criatividade entre os leitores e, sobretudo, matérias que os concorrentes não tenham imaginado.

Exemplos de pautas que o *Lance!* sempre desprezou são marcantes em toda a história do diário. Houve alguns em maio de 1999, dois anos após o lançamento, quando já estava firme no mercado, estabelecido como diário que acompanhava tudo o que acontecia no esporte, mas que ainda não havia resolvido o dilema das duas correntes de suas redações – até hoje não resolveu.

Em maio daquele ano, a revista *Placar* chegou às bancas como fazia todos os meses com três matérias que poderiam perfeitamente fazer parte de edições do *Lance!* no decorrer do mesmo mês. O Botafogo chegou à final da Copa do Brasil como favorito. Pudera: o adversário era o Juventude, de Caxias do Sul, patrocinado pela Parmalat, a mesma empresa que ajudou o Palmeiras a acabar com seu jejum de 17 anos sem títulos.

Antes da chegada da Parmalat ao sul do país, a história do Juventude era tão modesta que merecia ser contada. E foi. Só que nas páginas de *Placar.* A matéria da revista descrevia os passos do clube até chegar à decisão da Copa do Brasil. E ao título, que acabou conquistando na decisão contra o Botafogo.

Durante uma semana, o *Lance!* acompanhou a decisão fazendo matérias do ponto de vista botafoguense. E perdeu de vista a grande matéria, a que mostrava o que o Juventude havia realizado para chegar aonde chegara. Equívoco que não pode existir em diário dedicado exclusivamente a esportes. A velha discussão sobre a pauta.

Na mesma edição, *Placar* apresentava uma grande radiografia de Ronaldinho Gaúcho. Naquele mês, o garoto revelado pelo Grêmio foi convocado pela primeira vez para a Seleção Brasileira. No mês seguinte, estrearia em partida da Copa América fazendo um gol de placa contra a Venezuela. Virou o principal assunto do esporte brasileiro. A matéria revelava, por exemplo, o drama da morte do pai do jogador. Ronaldinho presenciara a ascensão e queda da carreira do irmão Assis, craque gremista dos anos 1980. Em 1987, aos 16 anos, Assis fora levado por dirigentes do Torino para a Itália. Estava prestes a assinar contrato milionário, quando os dirigentes gremistas chegaram a Turim e conseguiram dissuadi-lo. Assis voltou para Porto Alegre e assinou um contrato espetacular. De luvas, recebeu uma casa com piscina na capital gaúcha.

O pai do craque morreu afogado na piscina, quando Ronaldinho tinha 7 anos de idade. A história não foi publicada nas páginas do *Lance!*, que preferiu acompanhar seu dia a dia nos treinamentos na Seleção. Tudo o que todos os outros veículos de comunicação também fizeram. Exceto *Placar*.

A comparação entre os dois veículos pode persistir até hoje, mesmo que a revista *Placar* tenha voltado a ser semanal, em abril de 2001, e deixado de ter periodicidade definida, em janeiro de 2002. Todo diário esportivo deve ter pauta muito mais parecida com a de revista do que com a de qualquer outro jornal. E isso até hoje falta ao *Lance!*.

Nesse tempo o diário tinha perdido a direção de Leão Serva. A figura do diretor de redação havia desaparecido e a divisão de poder ficou entre o presidente Walter de Mattos Junior e os editores executivos André Fontenelle, em São Paulo, e Diogo Mourão, no Rio de Janeiro.

A visão de André Fontenelle, em especial, produziu um diário absolutamente completo. Não faltava uma única informação sobre esporte. Faltava, no entanto, o diferencial. Pautas com o olhar de revista que sobraram a *Placar* nos casos do Juventude e de Ronaldinho Gaúcho.

Pautas que faltavam para que o *Lance!* fosse o diário do tudo e do diferente. O diário que fizesse do título de alto de página de outro jornal apenas uma nota de colunão, como previa o projeto original. O diário que fosse a revista de todos os dias nas bancas.

O *Lance!* nunca atingiu esse estágio nos primeiros cinco anos de vida. Mas explodiu em vendas no início de janeiro de 1999 por ser o diário que acompanhava tudo. E foi justamente essa filosofia que o salvou depois da Copa de 1998. Em janeiro de 1999, o diário criou duas páginas, chamadas "Vai e Vem". Ideia de André Fontenelle, usando como base o que tradicionalmente se verifica nos diários europeus. A *Gazzetta dello Sport*, paraíso das matérias de transferências de jogadores, usa esse tipo de quadro há mais de vinte anos. Mas antes de André Fontenelle ninguém no Brasil havia tido ideia semelhante.

A boa cobertura do período de férias e das transferências fez o diário explodir suas vendas em janeiro de 1999. Ele passou a ser visto nas ruas, Walter de Mattos começou a dar entrevistas como o mago criador de produto inigualável.

Nas reuniões a partir de março de 1999, a direção do diário passou a projetar a chegada aos cem mil exemplares como média diária. O que começou a suceder-se em maio do mesmo ano. A virada dos cem mil exemplares foi um marco que passou a colocar o *Lance!* na lista dos diários mais vendidos do país. Em vendas em bancas de jornais, o *Lance!* passou a ficar atrás apenas de *O Dia*, no Rio de Janeiro, e do *Diário Popular*, em São Paulo.

Mas os gráficos de vendas do *Lance!* eram os mais expressivos. A curva só subia, enquanto as curvas do *Diário Popular* e de *O Dia* caíam significativamente, em especial no ano de 1999. Mesmo assim, *O Dia* e o *Diário Popular* tinham números diários superiores a 250 mil exemplares. E o *Lance!* chegava vagarosamente à média de 120 mil exemplares. Era o tempo da virada.

O *Lance!* precisava continuar melhorando sua qualidade, o que acontecia dia após dia, especialmente na gestão de André Fontenelle como editor executivo. A questão básica era encontrar o diferencial. Fazer também o diferente, ter pautas mais detalhadas e cuidadosas. Walter de Mattos fazia reuniões semanais em busca do diferencial. E irritava os editores, que não entendiam muito bem o que o presidente desejava.

Em setembro de 1999, o diário já estava completamente estabilizado financeiramente. E tinha toda possibilidade de oferecer salário digno para um novo diretor de redação. Walter de Mattos consultou uma série de nomes e achou por bem convidar Marcos Augusto Gonçalves, um dos mentores do Projeto Folha no início dos anos 1980, àquela altura um dos diretores do UOL.

Marcos Augusto chegou inspiradíssimo pelas ideias de Walter de Mattos Junior. E decidiu começar a modernização do diário pelas edições dominicais. Todo domingo o jornal deveria trazer uma grande matéria, sempre conduzida por um repórter de sua escolha, que acompanhasse passo a passo cada projeto definido pessoalmente pelo diretor.

A primeira matéria teve seis páginas e foi publicada em setembro de 1999. Um longo dossiê sobre "doping", que tinha como gancho o fato de o Brasileirão daquele ano ter registrado o maior número de casos da história. Era informação que não estava à vista na maioria das redações. Tanto que só a redação do *Lance!* atentou para o fato.

As seis páginas deram excelente resultado editorial. E nenhuma repercussão para o diário nos primeiros dias. O que mais incomodava os editores, no entanto, não era a necessidade de lançar longo dossiê. Era usar seis páginas do diário, isto é, abrir mão de informações do dia a dia que poderiam não trazer prestígio para o diário, mas que vinham representando crescimento contínuo de vendas.

Nesse momento, os editores executivos voltam a ficar abaixo hierarquicamente do diretor da redação: isso produziu a primeira baixa da equipe. Justamente André Fontenelle. Menos até pela perda de poder, mais pelo cansaço resultante das horas seguidas de dedicação. Ele recebeu proposta para juntar-se a Leão Serva na redação de *Placar*. E trocou o bairro do Limão, em São Paulo, por Pinheiros e pelo belo e novo edifício Abril.

André foi o responsável também pelo início da edição semanal de *Placar*, que durou pouco mais de seis meses. Sua saída do *Lance!* fez desaparecer, em parte, a visão de que o diário precisava dar todas as informações necessárias sobre o esporte. E o entusiasmo de Marcos Augusto Gonçalves em busca de matérias substanciais morreu logo na segunda semana, justamente aquela em que André Fontenelle anunciou sua saída da equipe. Marcos Augusto se envolveu em outras questões pertinentes ao dia a dia do jornal, doce rotina que tira do jornalista qualquer perspectiva de criar algo diferente.

A redação também não se mobilizou para manter a boa impressão daquele domingo de setembro de 1999. E o diferencial sumiu das páginas do diário nas edições dominicais. Resultado: a pior edição do *Lance!* voltou a ser a de domingo, por incrível que pudesse parecer o fato de um diário esportivo não vender no dia em que toda a rodada se realiza.

Em junho de 2000, chegou à redação o editor sênior Marcelo Damato. Ele era famoso pelo jornalismo político nas páginas da *Folha de S.Paulo*, só que agora alçado à condição de pensador principal. Ao ouvir de um interlocutor a ideia de que o *Lance!* deveria dar tudo e o diferente, Marcelo levou um susto: "Não acho que o *Lance!* deve dar tudo". Até aí o discurso fazia sentido. Era preciso dar o diferente, a maior carência do projeto editorial até então. O problema é que o grande diferencial parecia agora estar longe das páginas do diário.

Como agravante, o projeto gráfico mudou em setembro de 2000, aumentando o espaço dedicado às notas, o que remetia ao velho dilema das notas de colunão do diário. Para que uma nota de colunão tivesse o sabor de um abre-página de outro jornal era necessário que o noticiário estivesse ali concentrado. E que houvesse criatividade até mesmo em uma mísera notinha, quanto mais em uma pauta detalhada que abrisse uma página do principal diário de esportes do país.

O *Lance!* não conseguiu isso também porque padeceu de seu principal defeito desde a fundação: a rotatividade. A partir da saída de André Fontenelle e da subida acentuada do mercado da internet, tornou-se praticamente impossível para o diário manter seus principais profissionais. Se a primeira geração de jornalistas forjados nos concursos do diário era excelente e a segunda, talentosa, a terceira já não possuía o mesmo nível.

Pior: carregava consigo o vício de julgar qualquer novidade na redação um desafio à própria permanência. Em 2001, a redação dividiu-se entre os que produziam notícias para a agência de notícias Lancepress! – resultado da compra da tradicionalíssima Sportpress – e os "originais", como eram chamados os responsáveis pelas matérias diferenciadas.

Curiosamente, elas desapareceram no meio da imensidão das páginas do diário. Quando surgiam, desapareciam no meio de um projeto confuso, que não valorizava a beleza das páginas. E na falta de profundidade das matérias, espremidas invariavelmente em cubículos de texto que não podiam passar de vinte centímetros.

A lógica era a mesma dos primeiros tempos do Projeto Folha, inspirado no *USA Today*, um jornal de notícias curtas, para o tempo de *fast-food* dos anos 1980. Curiosamente, durante a cobertura da Copa do Mundo de 2002, era a *Folha* que apresentava as matérias mais saborosas, longas e divertidas. O *Lance!*, ao contrário, preocupava-se sempre com um noticiário que, de tão concentrado, beirava a inocência.

Durante a Copa do Mundo, o diário teve queda de 30% nas vendas. Exceto no dia 1º de julho, data que se seguiu à conquista do pentacampeonato mundial. Recorde absoluto de vendas da história: quinhentos mil exemplares em um dia.

Os recordes de venda do diário *Lance!*

1998 – São Paulo campeão paulista – 120 mil
2000 – Corinthians campeão mundial – 260 mil
2000 – Flamengo campeão da Taça Guanabara – 270 mil
2002 – Brasil pentacampeão mundial – 500 mil

O diário chegava à marca com que tanto sonhara. Mas num dia especial, o que não vale dizer que todos os seus objetivos já tenham sido atingidos. Ao contrário. Ele se firma a cada dia como referência no mercado editorial de esportes, entre outros motivos pela estratégia definida: a de não visar exclusivamente um tipo de público e não restringir sua participação em mercado já tão pequeno.

Consolida-se aos poucos também como diário de penetração nacional. Além das duas edições originalmente lançadas – a carioca e a paulista – criou-se a edição Curitiba em 1999. Inicialmente ela era fechada no Rio de Janeiro por um grupo de três pessoas e enviada via modem para São Paulo, onde era impressa e enviada, de caminhão, para Curitiba.

Em 2000, o processo ganhou dinamismo passando a ser totalmente produzido em São Paulo. Uma evolução. Acabou a etapa do telefone sem fio, que tornava a edição – quatro páginas apenas dedicadas ao público paranaense – uma colcha de retalhos.

Em dias de jogos, a cobertura começava pelos vestiários, na página 2. E a história do jogo era contada no meio da edição nacional, lá pela página 14. A razão disso, impossível para um leitor comum compreender, era a inviabilidade de trocar mais de quatro páginas por edição. Quer dizer: a opção era trocar a capa, torná-la regional, o que representava a troca também da página 28, a última do diário – a lâmina para a gráfica é a mesma para a primeira página e a última. Trocava-se também a página 2 e, consequentemente, a penúltima de cada edição.

O monstrengo só deixará de existir quando passar a ser produzido totalmente no Paraná, o que exige investimento em gráfica própria no estado. Inviável para um diário que ainda não se sustenta sem o auxílio de um grupo de sócios que inclui investidores pesados, como o Banco Garantia.

Além da edição paranaense, segue em curso a edição Brasília e a edição Minas Gerais, também tímidas. Em suma, é a mesma edição carioca, com uma ou outra peculiaridade para atender cada uma dessas praças.

Mas o mercado vai crescendo. O que ainda não cresce é a qualidade. Criatividade, pauta ousada, tentativas diárias de se diferenciar da concorrência foram fatores que levaram ao fracasso publicações como a *Gazeta Esportiva*, tradicional jornal esportivo de São Paulo, hoje lido apenas na internet. O mesmo se passou com o *Jornal dos Sports* no Rio de Janeiro.

Aos poucos, o *Lance!* aumenta o risco de ver sua história confundida com a desses diários, embora seja diferente na forma. Um tabloide dinâmico, colorido, inovador, como a personalidade de seu presidente. Mas com jornalistas que ainda não entendem que o jornalismo esportivo precisa ser diferenciado das demais áreas. E exige conhecimento e criatividade andando lado a lado. Como também desprendimento e dedicação. Não é fácil agradar leitor exigente, como o que julga entender de esportes mais até do que quem escreve para ele – o leitor, em geral, entende mesmo. Também é duro encontrar alguém que não seja apaixonado, mas que esteja disposto a comprar um diário esportivo mais de quatro vezes por semana – a média do *Lance!* é de dois exemplares a cada sete dias.

E muito mais difícil é entender que o desafio não é encontrar uma única pauta criativa. E fazer do diário de esportes um exercício constante de criação. A única maneira de mostrar que o esporte é viável é mostrar que o jornalismo esportivo não é feito apenas por esporte.

Folha de S.Paulo, 31/12/02

O Estado de S. Paulo, 13/01/03

Nem sempre a notícia está dentro dos campos, quadras e pistas

O Estado de S. Paulo, 31/12/02

O Estado de S. Paulo, 13/01/03

Patriotismo é um dos fios condutores
da cobertura esportiva

Jornal da Tarde, 31/12/02

Lance!, 13/01/03

Bastidores do futebol rendem páginas e páginas nos jornais

Lance!, 13/01/03

Veículos especializados em esporte: caminho tortuoso no Brasil

O AUTOR

Paulo Vinicius Coelho nasceu em São Paulo em 30 de agosto de 1969. Decidiu ser jornalista aos 14 anos e sempre quis trabalhar com esportes. Começou em 1987 no jornal *Gazeta do ABC*. Passou por *Placar* (1991 a 1997) e foi fundador do diário *Lance!*, em 1997. Lá, foi repórter especial e editor executivo. Em 2000, retornou a *Placar*, quando já era comentarista do canal ESPN Brasil. Em setembro de 2001, deixou a *Placar* mais uma vez e voltou ao *Lance!*, onde foi colunista até 2008. Foi também colunista da *Folha de S.Paulo* entre 2008 e 2011. Desde abril de 2011, é colunista de *O Estado de S. Paulo* e do site ESPN, além de comentarista da ESPN Brasil e da rádio Estadão ESPN. Cobriu as Copas do Mundo de 1994, 1998, 2006 e 2010.